コロナ危機の社会学
感染したのはウイルスか、不安か

社会学者
東京工業大学准教授
西田亮介

朝日新聞出版

コロナ危機の社会学
感染したのはウイルスか、
不安か
◉
目次

第2章 パンデミックに覆われた世界――079

第3章　コロナ危機の分析――111

コロナ危機の社会学
感染したのはウイルスか、不安か

特記がない限り、本文中の日付は現地時間。また、文書に言及する場合は各文書に記載されている日付に準ずる。

序章

感染の不安／不安の感染

感染症の猛威と「不安」

新型コロナウイルス感染症（COVID－19〈coronavirus disease2019〉＝以下、新型コロナ）が日本と世界で猛威を振るっている。世界保健機関（WHO）によると、2020年6月末に感染者1000万人を上回った（死亡者は50万人超）。日本でのそれは1・8万人（死者972人）。世界中で1日およそ18万人が感染する事態になった。

日本でも緊急事態宣言と外出自粛の要請、飲食店、スポーツクラブなどに対する休業要請によって、いっとき日常から世界は大きく姿を変えたかに思われた。だが、一刻も早く有事の記憶を忘れてしまいたいかのように、解除後、急速に日常回帰が進んだ。繁華街や飲食店も賑《にぎ》わい、何事もなかったかのようだ。

新型コロナにはいくつかの新しい特徴があった。感染症としての側面でいえば、感染者の自覚の難しさ、長い潜伏期間と相対的に強力な感染力、それらに伴う蔓延《まんえん》範囲の広さである。

東京都感染症情報センターの記述によると、潜伏期間は現在のところはっきりとしないが最大2週間程度と見なされている。[1] また、無症状感染や風邪のような軽症にとどまるケースが少なくないため感染を自覚しにくく、通常の生活や社交、経済活動を行うと容易に感染が拡大する。同種のウイルスのなかでは比較的強力とされる感染力とあいまって、第2次世界大戦後では類を見ない規模と速さで世界中に広がった。

その結果、高齢者を中心に死亡者や重症者が相次ぎ、病床不足や医療資源の逼迫《ひっぱく》を招いた。世界中で、感染拡大の防止と医療資源のキャパシティ確保が国家的、社会的な最重要事項となり、多くの経済活動と社会活動の抑制または制限が当然視されることになった。

5月25日のWHO定例会見中、「第2波対応で、注目すべき国はあるか?」とスペインの記者に問われたテドロス・アダノム事務局長は、日本の緊急事態宣言解除を引き合いに出しつつ、日本の対処について「成功(success)」と発言。累積の死亡者数や感染者数を踏まえて、日本の(主に社会の)対応が相対的かつ定量的に好ましいものだったという評価を示した。[2]

WHOのこうした姿勢と評価はたびたび示されたが、国内世論における政治とコロナ禍への対応についての評価は、これとはかけ離れた否定的なものであった。両者の乖離《かいり》は社会と政治、世論のそれぞれにおいて分断と禍根《かこん》を残そうとしているし、乖離の原因は医学的な問題というよりは、もっぱら政治や社会的な問題に起因する。そこで問題のスコープを少し社会的な範囲にまで拡大してみたい。

急速に拡大する感染が不安を招き、不安もまたマスメディアの報道と発達したSNS(ソーシャル・ネットワーキング・サービス)上のコミュニケーションを通じて拡大している。両者は表裏一体となって世界規模で複雑に絡みあい、相互作用しながら、しだいに独自のモメント(慣性)を獲得した

（本書ではそれを「感染の不安／不安の感染」と呼ぶ）。そしてコロナ危機の政治、政策、社会に突発的で看過できない影響を与えたが、いささか軽視されている。

「感染の不安／不安の感染」という社会的なモメントの実相に、世界と日本における事態の経緯と、諸課題の検討を通じて接近しようというのが本書の試みである。不安の拡大は、効果が曖昧《あいまい》な新型コロナ対策や莫大《ばくだい》な補正予算といった政策を通じて、感染症と同等かそれ以上に日本社会に影響した。それゆえその実体と構造、背景を理解するべきだ。近年、政治的無知や合理的無知の現実政治や選挙、政策過程への影響の実証的、規範的検討は進むが、不安を中心に据えた感情のそれらは決して十分ではなかった。社会や日本固有のメディア環境と関連させたアプローチでいえばなおさらだ。

事態の経緯については、筆者の専門上、医学（疫学・公衆衛生を含む）的評価ではなく、会議体資料、報道発表、マスコミ報道等を中心にWHOと日本政府の政策過程とその混乱に注目しながら、とくに後者の合理的理解に努めた。古典的な理解社会学は、外形の観察から主体の動機と行為の合理的理解とモデル化による説明を試みたが、政策過程の検討にそうした手法を援用したと考えてほしい。

不安のモメントには医学・疫学的課題、政治・社会・経済的課題が含まれているが、同時に社会システムや法律、規範、政治、経済の分野についても以前から存在した構造的課題と、目新しい課題が同時に表出して輻輳《ふくそう》をきたしている。それらは広く混同され、混乱を招いているようでもある。

社会学者ジグムント・バウマンは、著書『液状不安』（2012年、青弓社）において、生命や身体に対する直接的な危険に対する不安と、社会的、文化的に再加工された不安を区別し、後者を「派生的不安（derivative fear）」と呼んだ。

バウマンによれば、派生的不安は脅威が実在するか否かにかかわらず、世界についての認識と予期の再形成を通じて、人間の行動を――付言すれば、集合的に社会を――導き、しかもそれらは「自動推進」する力を手に入れるという。

独り歩きする不安は、それだけでも信頼性の危機を導き出す。さらにそれらは頻繁《ひんぱん》に忘却され、反復されていく。感染症研究者の押谷仁《おしたにひとし》は次のように述べている。

アウトブレイクとは、予想のできない非日常的なことが起こるということです。非日常的で異常な出来事が起こっているとき、人には不安な気持ちが生まれ、その出来事への関心も高くなります。ところが、その不安もあまり長くつづくと、非日常的なことは日常の一部になっていきます。感染者が増える、死者が増えるというきわめて非日常的な局面になっても、それが日常になってしまうのです。（押谷・瀬名 2009：電子版位置138-9）

加えて、メディアの中心がインターネットやSNSに移行し、日本ではSNSとテレビのワイドショーは共犯関係にある。偽情報が流通し、不安に関する個人の書き込みでさえときに広範に伝播《でんぱ》する新たな環境を生み出し、それをマスメディアが取り上げ、強化されていくのである。

新型コロナは、感染規模や日常生活・経済に及ぼす「直接的な危険に対する不安」と、人から人へと伝播する感染症特有の「異質な危険に対する不安」の双方を惹起《じゃっき》する性質を兼ね備えている。

それは公衆衛生の観点で感染防止策の実効性を低下させた。また、文化や経済活動の変容を余儀なくさせたし、政治に対する不安と不満、ときに誤解を含む被害者意識をも高める働きをした。

困難の多くはウイルスとその感染拡大がもたらしたもので、少なくない国ではセオリーどおり有事下で政権は求心力を高めた。他方、日本では例えば内閣支持率などの指標がわかりやすいが、「現在の苦難は政治のせいだ」という認識――被害者意識――が広がった。

コロナ禍においては、わかりやすく、ときに誤解を交えた広範な被害者意識の共有が新旧の問題を輻輳させ、とくに3月末以後の政治の迷走と相関した。

政治不信に相次ぐ政治スキャンダルなどもノイズのように加わり、内閣支持率は低下した。政治不信は、肯定的にいえば政権を弱気にさせたが、否定的にいえば政権から原理原則を奪った。定量的なデータや選択可能な選択肢を示しながら、国民と議論したり説得したりしようとする姿勢も、ますます見られなくなった。政権は、とにかくわかりやすく民意に応えようとする「耳を傾けすぎる政府」と化した。野党も現実味や実効性よりも、わかりやすい数字や批判を重要視したので、「わかりやすさ」だけを基準とした競争が生じ政策競争は生じなかった。

「新しい生活様式」や外出自粛、在宅勤務の推奨は、対人関係・対面関係を困難にし、情報化といわれながらも我々の社会が実際にはいかにアナログで、古典的なそれらに依存していたかを浮き彫りにした。

対人・対面を一定程度制限するだけで、生活、流通、経済、政治、教育、行政、そして医療や介護等において多くの困難が生じうること――そして困難な環境に直面しながらもそれらを支え続ける人たちの重要性――を我々は痛感した。

社会学者のジョン・アーリは「経済・社会生活の多くの要素が、Ｗｅｂ２・０（編集部注：新しい技術や発想によるＷｅｂサービスなどの総称）というよりはクモの巣のような経路依存のパタンに『ロックイン』されている」と述べた（Urry 2007=2015：405）。

平時から情報やサービスといったソフトを支える多様な下部構造が存在しているはずだが、現代の社会や生活はいつの間にかそれらを覆い隠し、不可視化してきた。敬意を込めて「エッセンシャル・ワーカー」と呼ばれるようになった彼ら彼女らに対して、実際の感染リスクは相当限定的と思われる一方で、根拠なき感染の不安に突き動かされて、露骨な差別や嫌悪感を剝《む》き出しにした人もいた。

だが、多かれ少なかれ、その矛盾と混乱はいつの時代にもつきまとう人間と社会の実情ではないか。このように捉えるとき、科学的、客観的事実の分析や政治、経済、社会的事実の分析に加えて、矛盾と混乱に関する実態と構造（ここでいう構造とは、頻発する現象とそれを支える安定的なパターンのことを指す）をひもとくことにも一定の意味があるように思われる。

自然災害に比べ経験不足だった感染症対策

感染症とその蔓延は、人類が有史以来幾度も経験してきた事象である。ただし世界的に見ても、新型コロナのように、国内外の国民生活や経済に大きな影響を与える感染拡大は、自然災害の発生頻度と比べればそれなりに稀《まれ》な出来事といえる。

新型コロナをめぐる問題の社会的な新規性として、規模の大きさと感染拡大の速さに加えて、広範な、しかし少しずつタイミングが異なる世界的な共通体験を挙げることもできる。

国際政治において、問題と立場の共通性は必ずしも自明のことではない。ある国にとっての不利益が他のある国の利益になり、そのまた逆もしかりというトレードオフの関係が頻発するからだ。

しかし自然発生で感染が拡大したパンデミック（pandemic＝多くの国や大陸をまたがっての流行）の鎮圧と終息は、大半の国にとっての利益である。のみならず、自国だけでなく他の国が鎮圧と終息を実現することも、やはりその国の利益になるという珍しい問題だ（もちろん従前に激しく対立している場合などには、それほど自明とはいえないこともある）。なぜなら、自国のみを終息に導いたところで、ワクチンと特効薬が見当たらない以上、往来や取引がある他国の大規模感染も収束しない限り、いつまた自国の感染が再流行するか定かではないからだ。

現代の生活は、第2次世界大戦後75年の時間とコストをかけて築いてきた複雑な国際関係とグローバル化を所与のものとしている。現実には各国の感染局面が異なるなか、世界中で広く感染収束に導かない限り、安心して従来のように生活を再開／維持／発展させることはできない。

新型コロナほど深刻でありながら、早期の解決が好ましいというゴールを比較的はっきりと世界中で共有できる問題はなかなかない。

日本に限定してみても、やはり新型コロナに社会課題としての特殊性を見いだすことができる。日本社会は地震をはじめとする大きな自然災害に苛《さいな》まれてきた。平成に入ってからの地震に限っても、北海道南西沖地震（1993年）、北海道東方沖地震（94年）、兵庫県南部地震（95年＝阪神・淡路大震災）、新潟県中越地震（2004年）、新潟県中越沖地震（07年）、東北地方太平洋沖地震（11年＝東日本大震災）、2度の熊本地震（16年）、北海道胆振《いぶり》東部地震（18年）と、震度7クラスの大災害を各地で数多く経験してきた。津波や豪雨災害や河川災害なども含めるなら、枚挙にいとまがないほどの自然災害大国だ。

一般的な自然災害に共通するのは、大規模な破壊と可視化された被害、個人と共同体、そして社会に共有された記憶である。自然災害は発生頻度が高く、我々は幾度も経験してきたため、制度と支援、手順のセオリーが存在し、政治、マスコミ、社会が一定程度それらを共有している。法律に依拠して実施される政策は、多くの場合、線形に発展するし、そうでなければならない。

法律に基づいて、事前に定められたプロトコル（手順）と態勢、備蓄のもと、過去の事例を参照しながら、執行されるべきものだからだ。言い方を変えれば、「大胆な政策」なるものは思いつきか、場当たり的か、その場しのぎか、それらのすべてであることが少なくない。

日本についていえば、阪神・淡路大震災、2度の新潟の震災、そして東日本大震災と、大規模自然災害のたびごとにそれらは様々な視点で見直され、改善されてきたことがよく知られている(永松 2008)。その範囲は、緊急避難的な措置から生活支援、生活再建から事業者向けまで幅広く、保険制度や自治体とNPOの連携などを含めて世界屈指の水準にあるだけでなく、頻繁に改善もされている。

有名な事例は、自衛隊法の改正と運用だろう。戦後の日本社会が初めて経験した都市型大震災の嚆矢《こうし》とされるのが、阪神・淡路大震災である。

自衛隊は発災からおよそ100日間にわたって、ピーク時は1日約1万9千人が災害派遣に従事した。その存在感は際立ち、平成以後の災害現場では「現場で被災者に寄り添い復旧・復興に汗を流す自衛隊」は常態化することになった。

同時に、都市型大震災に対する経験の乏しさや、当時の関連法制による制約から自治体や関連諸機関との連携の遅れや課題なども指摘され、自衛隊法の改正等を通じて、災害派遣の在り方の改善が図られている[3]。東日本大震災の際は、発災から5分以内に防衛省災害対策本部が設置され、20分以内に現地周辺部隊が情報収集のための航空機を発進させた。近年では、将来の南海トラフ巨大地震を念頭に置いた計画なども行われている。

ほかに、自治体とNPOの連携の事例などを挙げることもできるが、自然災害の発生と対処を経て、政策も態勢も、そしてそれらの総体に対する広範な社会の理解についても、やはり日本は世界でも有数の存在といえる。有事対応に完璧はありえないにせよ、繰り返し経験してきたがゆえに、計画し、改善しながら備えられてきたからである。

それに対して、パンデミックや感染症の国内感染拡大という危機は、政治や、とくに社会とメディアの理解と認識の状況が大きく異なっている。後者は、それらの課題、教訓をまったくといってよいほどに記憶していないことが明らかになった。それゆえに、既知の過去の失敗を同じように繰り返した。メディアも事後の検証が中心で、リアルタイムで十分にリマインドすることができなかった。

2000年代に入ってから、02年の重症急性呼吸器症候群（SARS）や09年の新型インフルエンザ、12年の中東呼吸器症候群（MERS）の世界的流行が記憶に新しい。SARSとMERSは、新型コロナと同様、しかしそれぞれ別種のコロナウイルスによる感染症だが、国立感染症研究所によると流行期間中の国内発生は認められなかった（ただし、本書執筆時点でワクチンや治療薬がない点などは共通する）[4]。忘却と反復という点では、過去の「幸運」が災いした格好だ。

国内では、09年の新型インフルエンザの流行が社会、経済活動に大きな影響を与えた。この新型インフルエンザは国内一部地域、都市で感染拡大が見られたが、新型コロナのように全国に影響を及ぼすものではなく、比較的限定的なものだった。

専門家や専門家コミュニティからは、このときの対応が今回の感染拡大においても応用可能だという示唆が出されていたものの、専門家コミュニティの外には十分に浸透、継承されなかった。全国的な感染拡大という意味では、新型コロナの発生以前に、政治や行政、社会だけでなく専門家コミュニティも十分な経験を有していなかったのである。

法律をはじめ、制度や行政の備えも十分ではなく、社会に対してどのように働きかけるべきかという合意もなかった。事態が進むにつれて、事前の備えと計画だけでは対応困難になったが、インシデント（出来事）も重なり、場当たり的な印象を与えた政策と政治は徐々に信頼を失った。

「管理できないもの」というリスク

今回のような感染拡大が生じるまで、世界規模のパンデミックといえば、ゾンビが登場するようなB級ホラー映画における非現実的な出来事か、「コンテイジョン」（2011年公開、アメリカ）のようなリアルな非現実を描くフィクションの世界の話にほかならなかった。

2009年の新型インフルエンザの国内感染拡大は一定の混乱後、幸運にもそれらは超克《ちょうこく》された（季節性インフルエンザと見なされるようになった）。感染症の専門家コミュニティの尽力もあって、相当程度練られた法律と計画が整備され、各省庁や企業等も原状回復を主たるゴールにしたBCP（事業継続計画）を準備した。

だが社会とメディアは、その例外だった。SNSのような新しいメディアの存在感が大きくなり、メディア環境の中心に位置するようになったのはごく最近のことである。現代の広範な感染症危機において、人々はどのように振る舞い、またどのように振る舞うべきかということに関する知見はまったくといっていいほど蓄積されておらず、共有もされていなかった。新型インフルエンザ危機のメディア・スクラムや報道の課題が省みられることもなかった。不安の拡大は放置され、体系的に不安に対処する「不安のマネジメント」はあまりに軽視された。頻度が少ない感染症の感染拡大リスクゆえの盲点だった。

　新型コロナは、握手、ハグ、会議、商習慣といった多くの政治、経済、社会、文化的常識に対する不安を引き起こしている。不安のうねりそれ自体も拡散し、買い占め行動やデマというもはや感染症それ自体とは切り離され、自律した（社会学的）リスクを生み出している。

　社会は「管理できないもの」にリスクを見いだすと、バウマンはいう。近現代社会は、主に科学と管理の技法、両者の組み合わせを発展させることによって、混沌《こんとん》とした世界を理性と論理（計算可能性）によって見通し、管理の可能性（予見可能性）を広げてきた（Beck 1986=1998, Giddens 1999=2001, Beck, Giddens and Lash 1994=1997）。社会は、予測困難なものと不合理なもの（≒魔術的なもの）で覆われた世界から抜け出そうとしてきたのである。いわゆる「脱魔術化」の議論だ。先のアーリの議論とも共通するが、資本主義と市場主義の、さらにその下の前提条件である。

　さらに近年のリスクの社会学は、高度に発達した科学技術と資本主義の論理が生み出すリスクは見通しがたく、それどころか不可逆で破滅的な帰結をもたらすがゆえに、かつてと同等かそれ以上に魔術的であると見なしてきた。いわゆる「再魔術化」の議論だが、バウマンの不安に関する議論は同種の潮流に位置づけることができる。

　このような道具立てのもと、改めて日本の新型コロナ危機を考えてみたい。この感染症は感染力が強く、先進国含めて近代国家と国際機関が医学と公衆衛生の知見を総動員しても、封じ込めることができなかった。まさに「管理できないもの」の典型例だ。

治療薬やワクチンがない以上、数多くの不安が今後も根強く残るはずだ。国民生活や経済活動を強力に制限して一度は抑え込んだとしても、いつまた再流行と感染拡大が生じるか見通し難いという不安や、新型コロナ以前の生活を取り戻すことができるのかという不安、できないとすればどのように変えていくべきなのかという不安だ。

新型コロナによる日常生活の「例外事態」化と、その事態を固定的なものにする「例外事態の恒久」化を行うかどうか、例外事態を平常時に戻す出口戦略をどのようなものにするのか。日本、そして世界において、これらの問題系とそれぞれに対して提示される処方箋《せん》もまた混乱したものになり、新型コロナをめぐるリスクと不安は独り歩きを始めていると同時に、影響範囲をいっそう拡大させている。

世界規模で共有される危機と連鎖する不安は、古典的な政策観の一つである。並行して対応すべく、各政策分野で発展してきたのが、リスクに対して政治と行政が先回りして予防的に対処すべきという「予防原則」の考え方だ。欧州を中心に議論と人間的価値観を尊重する姿勢、そして熟議が人間中心主義の一つの現れとして、リスクへの対抗策に投影されていった。結局、自然も、科学も将来を完全に見通せないなら、専門家と市民を交えた議論の過程と合意それ自体を重要視する考え方だ。

しかし現在では、予防原則の困難やヒューリスティック（問題解決の直感的方法。しばしばバイアスに影響を受ける）への脆弱性《ぜいじゃくせい》、しかしそれらを代替する明確かつ共有された現実的な政策概念と手法（政策方針、政策パッケージ）の不在が、改めて浮き彫りになっている（Sunstein 2005=2015, 2007=2012）。「不安のマネジメント」の軽視と拡大は、社会の制御可能性を低下させ、場当たり的か、少なくとも場当たり的に「見える」政治や行政の対応と共振しながら、社会の持続可能性を揺るがせ、政策の選択肢を狭め、今後の対処や政策の見通しにくさに起因する不安と分断を助長している。

世界的流行の始まりと「小休止」まで

新型コロナは、２０１９年12月末に中国で認知され、20年6月には全世界に感染が拡大した（図1）。１日当たり18万人が感染するまでになり、6月19日にＷＨＯのテドロス事務局長はパンデミックの加速と事態の危険性が新局面に入ったことなどに言及した。

全世界での確定症例数が、１千を超えるのが２０２０年1月25日のこと。１万を超えるのが2月1日、３月７日には10万を超え、４月４日には１００万を超えた。急速かつ広範な感染拡大は、繋《つな》がった／繋がりを深めたことを自明視してきた世界を寸断した。国境が分断された社会は、その姿を大きく変えた。

中国で始まった感染は、発生初期においては中国、タイ、韓国、日本などで確認されたため、当初はアジア地域における感染症危機（epidemic＝エピデミック）だと認識されていた。

図1｜世界の累積確定症例数（2020年1〜6月）

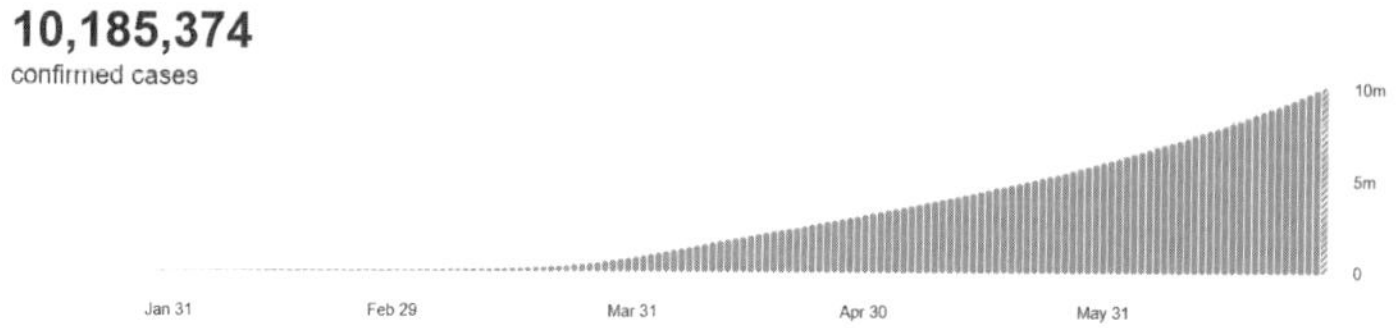
10,185,374
confirmed cases
10m
5m
0
Jan 31
Feb 29
Mar 31
Apr 30
May 31

ＷＨＯは２０２０年１月末に緊急事態（ＰＨＥＩＣ）を宣言したが、２月中旬にはイランなどの中東地域でも感染が拡大し始めた。２月の後半にはイタリアなどを皮切りに、欧州各国でも感染が認められるようになった。域内の移動の自由を認めたＥＵなど欧州圏における感染拡大は速く、３月に入ると欧州全域で大規模な感染が認められるまでになった。

３月中旬には、それまでかろうじて食い止められていたかに思われたアメリカやカナダといった北米圏でも、急速な感染拡大が起こった。アメリカではニューヨーク州を中心に大規模な感染拡大が発生し、累計の感染者数、死亡者数が世界最多の国になった（5月末時点）。混乱はもともと貿易摩擦を抱えていた中国との対立激化や国内治安悪化を招いた。４月後半ごろから南米、ロシアやアフリカ諸国でも感染者数が激増している。

事態の進展は、ＷＨＯダッシュボードの地域別の比較がわかりやすい（図２）。

しかし、事態の局面は各国によって異なっている。先行して感染拡大が始まったアジアや欧州では、強力な措置を選択したことで感染拡大に一定の歯止めがかかった国も出始めている。そうした国々の中からは、徐々に国内中心に強力な措置を解除し始める国も出てきている。緊急事態宣言を

図2｜確定症例数の地域比較(2020年1〜6月)

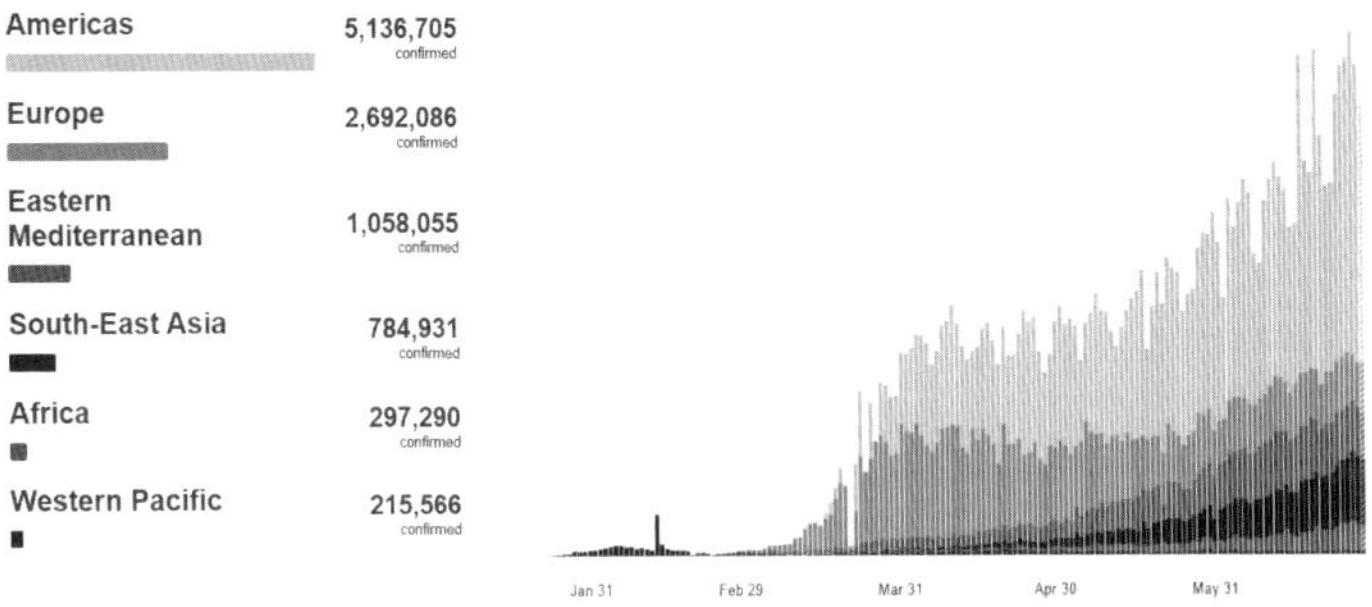

Americas
5,136,705
confirmed
Europe
2,692,086
confirmed
Eastern Mediterranean
1,058,055
confirmed
South-East Asia
784,931
confirmed
Africa
297,290
confirmed
Western Pacific
215,566
confirmed
Jan 31
Feb 29
Mar 31
Apr 30
May 31

右図も含めWHO「Coronavirus Disease (COVID-19) Dashboard (6月30日時点)」より引用。https://covid19.who.int/　※図中の地域名はWHOの管轄区分で表記されるため、一般的な通称とは合致しない

解除した日本もその中に含まれる。

本書執筆時点では治療薬やワクチンが開発中であるため、対症療法中心にならざるをえないという事情は、発生当初と同様である。人から人へと伝播するという感染症の特性上、他国同様、日本でも第2波、第3波は否定できず、予断を許さない状態だ。

いったん収束したように思えても、それは実質的な強制力を含めて有事の対応をしたからであって、平常時の生活に戻してしまえば、いつまた次の感染拡大が訪れてもおかしくないことが出口戦略の難しさだ。あまり意識されないが、不安も同様だ。不安と被害者意識は蓄積し、ときに予期せぬ行動を招く社会学者・遠藤薫《えんどうかおる》は「間メディア」と呼ぶが、両者が早く広く連鎖するのはSNSとマスメディアが呼応する時代ならではだ(遠藤編著 2011)。

日本を含む感染が収束に向かいつつある国では、どのように日常生活を取り戻していくのか／それとも新型コロナを契機に生じた例外事態の恒久化を図っていくのか、それとも別の道を歩んでいくのかが問われている。

まずは以下において、2020年前半における新型コロナの感染拡大と対策の経緯を、WHOと日本を中心にして、時系列で確認する。WHOが毎日更新する「新型コロナウイルス感染症状況報告」（「Coronavirus disease 〈COVID-19〉 Situation Reports」）を中心に、新型コロナウイルス感染症対策本部（以下、政府対策本部）や、厚生労働省等の資料と各種報道、総理や知事の記者会見の内容等を踏まえて、世界と日本における経緯と対策を概観、記述する。

基本的な事態の経緯を確認したのち、本書後半では、コロナ危機と社会意識の連関を論じる。そこでは「感染の不安／不安の感染」をめぐって、繰り返される忘却、反復、脊髄《せきずい》反射的反応の構図が明らかにされる。新しい問題とこれまでも指摘されてきた構造的問題が輻輳しながら、不安は徐々に拡大した。多様なインシデントも重なるなかで、政治が支持と信頼を失い民意に過剰適合し（「耳を傾けすぎる政府」）、ますます政治不信が進む悪循環が生じたというのが本書の大まかな見立てである。コロナ危機の検討を通じて、有事に、現代的な不安といかに向き合うべきかを考える端緒としたい。

不安は一般的な感情である。新型コロナと不安の社会、メディア、政治への影響を過去の経験とともに振り返りつつ検討し、マネジメントの可能性を模索することで、次なる有事への備えに貢献できれば幸いだ。

第1章

アウトブレイクの経緯

中国からアジア、世界の危機へ（19年12月〜20年1月）

新型コロナウイルス感染症（新型コロナ）は、2019年末における中国の湖北省武漢市での感染拡大がきっかけのようだ。こう書かざるをえないのは、本書執筆時点ではアメリカを中心に中国の研究所からの人為的／過失が原因であるという説が新聞報道で流通するレベルでまことしやかに提起されているからだ。

中国も発生源に関する世界保健機関（WHO）の共同調査の提案を拒否するなど、流行発生の明確な理由は未《いま》だはっきりとしない状況でもある。[1] アメリカは中国不信と「中国寄り」と見なすWHOに対する不信から脱退も視野に入れた振る舞いを見せ、5月末にWHOとの「関係を終わらせる」ことを宣言した。[2]

また中国国内でも12月前半に最初の患者が見つかったという報告や、湖北省の病院における疑わしい症例、のちに自身も命を落とすことになった医師の李文亮による告発などがなされている。[3] しかし、それらは散発的で体系的なものとはいえず、それぞれの情報の信頼性についても現状定かではないため、ここでは深入りはしない。

WHOは「新型コロナウイルス感染症状況報告」の「第1報〈Novel Coronavirus〈2019-nCoV〉

Situation Report-1)」を2020年1月21日に公開した。[4]

同報告によると、WHO中国支部は2019年12月31日に、武漢市で未知の感染症の発生が疑われるとの報告を受けている。WHOは中国の複数の国立機関から、同年12月31日から翌20年1月3日までの間に、計44人の感染者が発生したとの報告を受けた。1月7日には、中国の国立機関が新型のコロナウイルスであることを特定した。

1月11日、WHOは中国国家衛生健康委員会（National Health Commission）から、武漢市の海鮮市場（後に「華南海鮮城」と判明）と突然の感染拡大（outbreak＝アウトブレイク）の関連性についてのさらなる詳細な報告を受けている。

1月13日に、タイ保健省は武漢から持ち込まれた最初の事例をWHOに報告した。15日には日本から、20日には韓国から最初の感染者が報告される。1月20日時点で、282の新型コロナの確定症例が報告され、その内訳は278が中国、2がタイ、日本と韓国が各1というものであった。

日本の対応に注目してみよう。厚生労働省は、1月6日に「第1報」を公表した。[5]その中で、次のことを呼びかけている。

◦検疫所ホームページ「FORTH」での注意喚起
◦入国者に対する通常どおりの検疫体制の継続
◦自治体や関係機関に向けて、原因不明の肺炎等の患者等に対する国立感染症研究所での検査制度の周知

◦武漢市からの帰国者等に対して、咳《せき》や発熱などの症状がある場合にはマスク着用のうえで医療機関を受診し、渡航歴を申告

厚労省は、1月14日に神奈川県内の医療機関から所管する保健所に対して、武漢市に滞在歴がある肺炎患者が報告されたことを公表。[6] 30代男性で1月3日から発熱があり、6日に武漢から帰国、その足で医療機関を受診した。1月10日から入院し、15日に退院したが、国立感染症研究所で検体検査を行った結果、15日夜に新型コロナウイルスの陽性が明らかになり、16日に公表された。[7]

1月23日に公開されたWHO「第3報」[8]によると、確定症例は581に増え、アメリカや香港、マカオ、台湾での症例が報告されている。この時点ではウイルスの基本特性は明確になっていないが、感染者の訪問歴などから新型コロナの突発と武漢の華南海鮮城との関係が断定的な表現で述べられている。感染症が中国からアメリカ、タイ、日本、韓国へと拡大していて、同様の拡大が他国でも起こりうること、人から人への感染可能性、院内感染や医療従事者の感染可能性に警告が発せられている。

この第3報の「各国反応（COUNTRY RESPONSE）」では、日本政府が概《おおむ》ね1月6日前後までに問題を認知し、翌7日ごろから武漢への渡航者などを対象に検疫とスクリーニング等において対応を取り始めたこともわかる。

WHOが緊急事態を宣言。中国は春節へ

若干前後するが、２０２０年1月22日にＷＨＯは新型コロナに関する緊急委員会を開催。委員会は翌23日（日本時間で24日未明）に声明を公表した。[9] 緊急委員会は、武漢を中心とする新型コロナウイルス関連肺炎の発生状況が「国際的に懸念される公衆衛生上の緊急事態（ＰＨＥＩＣ：Public Health Emergency of International Concern）」に該当するか否かを検討した。

ＰＨＥＩＣとは、厚労省によれば次のような「緊急事態」を意味し、後に日本でも広く「ＷＨＯによる緊急事態宣言」と報じられることになる事態である。

ＰＨＥＩＣとは、ＷＨＯが定める国際保健規則（ＩＨＲ）における次のような事態をいう。

（1）疾病の国際的拡大により、他国に公衆の保健上の危険をもたらすと認められる事態
（2）緊急に国際的対策の調整が必要な事態

過去にＰＨＥＩＣが出された事例は以下のとおり。

- ２００９年４月　豚インフルエンザＡ（Ｈ１Ｎ１）（新型インフルエンザ）
- ２０１４年５月　野生型ポリオウイルスの国際的な拡大
- ２０１４年８月　エボラ出血熱の西アフリカでの感染拡大
- ２０１６年２月　ジカ熱の国際的拡大
- ２０１９年７月　コンゴ民主共和国におけるエボラ出血熱の発生状況[10]

緊急委員会は次のように結論する。事態が一定の緊急性を要し、緊急委員会の継続的開催の必要性は認められるが、ＰＨＥＩＣに該当するか否かの直接的な結論としては「否」である——。

「エンデミック（endemic）」「エピデミック（epidemic）」「パンデミック（pandemic）」という日本語でのカタカナ表記では類似の語感をもった用語が使われる。エンデミックは「発生した地域特有の要因によって限定された地域内で患者が発生」する事態を、エピデミックは「人や物の移動などで数カ国規模へ拡大、流行する」事態を、パンデミックは「輸送機関の発達により多くの国や大陸をまたがって流行する」事態を指す（河岡・今井監修 2018）。なお「アウトブレイク（outbreak）」という言葉は、事態の突発性が強調されている。

1月23日時点でのＷＨＯの緊急事態（ＰＨＥＩＣ）か否かの検討は、パンデミックの宣言を意味するものではなかったことにも留意したい。

ＷＨＯがパンデミックだと見なすと公表したのは、3月11日のことだった。[11] それ以前から「パンデミックの脅威（threat of a pandemic）」という表現を用いていたが、公式に宣言したのはこの3月11日で、言い方を変えると、それ以前は新型コロナをアウトブレイクからエピデミックだと見なしていた。

そもそも日常的な日本語の用法では、「アウトブレイク」「エピデミック」「パンデミック」の正確な区別が十分に認知されていない。そのうえ、翻訳の過程で「緊急事態宣言」と表現されたことで、後に国や地方含めて多様で実際には内実が異なる「緊急事態宣言」が乱立し、医療や公衆衛生の専門家コミュニティの外からはいっそう理解しにくくなった（ただし、この問題は翻訳のみで生じるわけではなく、後述するように、複数の法律表現のメディア等での通称表記等でも見いだすことができる）。

厚労省はWHOのPHEIC検討を受けて、日本時間の1月24日に「中華人民共和国湖北省武漢市における新型コロナウイルス関連肺炎について（令和2年1月24日版）」という報道発表を行った。そこでは情報収集と概ね「従来の対策」を継続していくことが確認されている。[12] ここでいう「従来の対策」とは、前述の厚労省の「第1報」（1月6日）での対応に、航空会社への協力依頼や、国内で確認された感染者の濃厚接触者に対して健康観察を引き続き実施することなどを加えて発展させた内容だった。

この間、中国は旧正月にあたる春節のホリデーシーズンを迎えていた。例年なら多くの観光客が日本を含む各国を訪れるが、2020年はそういうわけにもいかなかった。それどころか日本在住の留学生や日本で生活する中国人らも、母国の家族から帰国を止められるような状況だった。家族関係を重視することの多い彼らの慣習からすると、事態の深刻さが窺《うかが》える。

1月24日には日本政府は、湖北省を感染症危険情報レベル3（渡航中止勧告）に指定した（その他、中国全土は1月21日からレベル1＝注意喚起）。習近平《シーチンピン》国家主席の来日が予定され、また平時の往来も活発なことなどから、この時点では中国全土の渡航中止勧告には至らなかったものと考えられる。

一方、中国政府は1月25日までに武漢市を含む16の市・州の公共交通機関の停止及び駅・空港の閉鎖等を発表した。1月27日には旅行会社が団体海外旅行の取り扱いを中止し、春節休暇の延長、学校の始業が延期されるなど、事態は急速に国難の体をなしていった。[13]

他方で日本の厚労省のモードと態勢が本格的に緊急性を帯びていくのは、WHO緊急委員会のPHEICの宣言を待たなければならなかった。

1月30日に、WHO緊急委員会の2度目の会合が開催された。[14] 会合は電話会議の形式で開催されたようだ。緊急委員会のメンバーは現状が国際的なアウトブレイク、すなわち2005年の「国際保健規則（IHR：International Health Regulations）」に基づく「国際的に懸念される公衆衛生上の緊急事態（PHEIC）」と見なすことに合意した。[15]

WHOはPHEICを宣言し、IHRに基づいて中国をはじめ、世界と関係諸機関向けにいくつかのメッセージと助言を公表した。PHEICの宣言によって、世界の認識はそれまでの中国と東アジアの感染症危機からよりいっそうの広がりをもったものへと変化し、日本と世界各国の感染症対応はいっそう本格化していくことになった。

日本政府、感染症の発生をいち早く認知し対応

ここまでの2019年12月から20年1月末にかけての経緯の整理で明らかになるのは、15年に別種のコロナウイルスに起因する中東呼吸器症候群（MERS）を経験した韓国の極めて迅速《じんそく》だった対応を除くと、日本政府（厚労省）は20年1月という相当早い時点で、武漢を起点とする国際的な感

染症の発生と拡散を認知し、国際的にみれば早期に対処を開始していたことだ。この点、一般的な認識とは大きく異なるのではないか。2012年の新型インフルエンザ等対策特別措置法（以下、新型インフルエンザ等特措法）が、平時からの感染症の監視と情報収集（サーベイランス）の強化を求めていたためである。

すでに厚労省の対応を中心に概観してきたが、日本政府の対応も確認しておこう。

初めて日本国内での感染が確認された翌日の1月16日に、菅義偉官房長官が関係省庁連絡会議の開催を公表。[16] 第1回の関係閣僚会議が開催されたのは、1月21日だった。[17]

検疫上の対応、国際的な連携、「国民に対して、引き続き迅速かつ的確な情報提供を行い、安心・安全の確保に努める」（傍点は引用者による）ことなどが確認されている。

1月24日の同会議では、23日に封鎖が始まった武漢と近隣都市にいる邦人の安否、現地における物流や定期航空便の状況の共有と確認がなされた。[18]

厚労省の発表によれば、新型コロナは1月28日に感染症法上の「指定感染症」と検疫法上の「検疫感染症」に指定された。[19] 厚労省として一体となった総合対策を推進するため、省内にも「新型コロナウイルスに関連した感染症対策に関する厚生労働省対策推進本部会議」が設置。同日に、初回会合が開催されている（感染症指定についての政令の施行は2月7日）。[20] 1月30日には、内閣官房に安倍晋三総理を本部長とする「新型コロナウイルス感染症対策本部」（政府対策本部）が設置された。以後、ここが政府の対応の中核となる。

新型コロナ対策の過程には、多くの会議体が登場する。したがって、本書でも今後、頻出することになる。似たような名称でありながら、設置根拠や法律、所管等が異なるため、役割が微妙に異なっている。

以下、理解しやすさのため頻繁《ひんぱん》に登場する代表的なものと、それらの関係を整理する。

。新型コロナウイルス感染症対策本部：当初、中国での新型コロナウイルス感染症拡大を踏まえた対策を行うことが設置理由だった。その後、新型インフルエンザ等特措法の改正後は同法が設置根拠となる。野党は後に、当初から特措法を適用しなかったことや専門家会議の初回開催が2月中旬になったことをもって、「初動の遅れ」批判を強める。

。新型コロナウイルス感染症対策専門家会議：「新型コロナウイルス感染症対策本部の下、新型コロナ対策について医学的な見地から助言等を行う」ことを目的に、2月14日に政府対策本部によって設置が決定。政府対策本部と専門家会議は、2009年の新型インフルエンザ対策と特措法を参考に設置されたものと思われる。ただし、特措法で定める、政府行動計画の策定等を目的とした新型インフルエンザ等対策有識者会議とは異なるものである。

6月下旬に専門家会議の廃止と、特措法に基づく新たな会議体の設置を西村康稔《にしむらやすとし》経済再生担当大臣が公表した。

図3｜クラスター対策概要

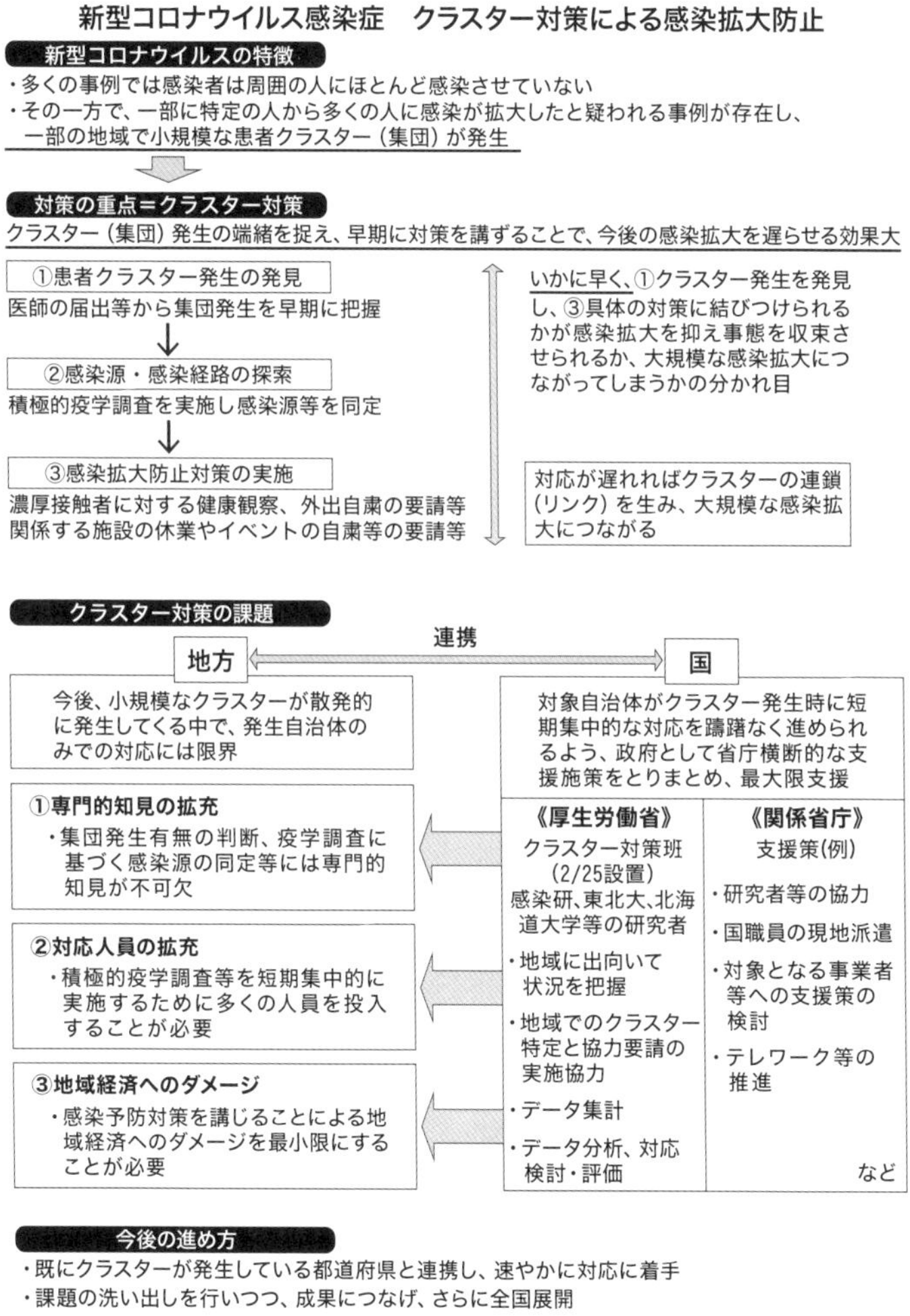
新型コロナウイルス感染症　クラスター対策による感染拡大防止
新型コロナウイルスの特徴
・多くの事例では感染者は周囲の人にほとんど感染させていない
・その一方で、一部に特定の人から多くの人に感染が拡大したと疑われる事例が存在し、一部の地域で小規模な患者クラスター（集団）が発生
対策の重点＝クラスター対策
クラスター（集団）発生の端緒を捉え、早期に対策を講ずることで、今後の感染拡大を遅らせる効果大
①患者クラスター発生の発見
医師の届出等から集団発生を早期に把握
②感染源・感染経路の探索
積極的疫学調査を実施し感染源等を同定
③感染拡大防止対策の実施
濃厚接触者に対する健康観察、外出自粛の要請等
関係する施設の休業やイベントの自粛等の要請等
いかに早く、①クラスター発生を発見し、③具体の対策に結びつけられるかが感染拡大を抑え事態を収束させられるか、大規模な感染拡大につながってしまうかの分かれ目
対応が遅れればクラスターの連鎖（リンク）を生み、大規模な感染拡大につながる
クラスター対策の課題
連携
地方
国
今後、小規模なクラスターが散発的に発生してくる中で、発生自治体のみでの対応には限界
対象自治体がクラスター発生時に短期集中的な対応を躊躇なく進められるよう、政府として省庁横断的な支援施策をとりまとめ、最大限支援
①専門的知見の拡充
・集団発生有無の判断、疫学調査に基づく感染源の同定等には専門的知見が不可欠
②対応人員の拡充
・積極的疫学調査等を短期集中的に実施するために多くの人員を投入することが必要
③地域経済へのダメージ
・感染予防対策を講じることによる地域経済へのダメージを最小限にすることが必要
《厚生労働省》
クラスター対策班（2/25設置）
感染研、東北大、北海道大学等の研究者
・地域に出向いて状況を把握
・地域でのクラスター特定と協力要請の実施協力
・データ集計
・データ分析、対応検討・評価
《関係省庁》
支援策(例)
・研究者等の協力
・国職員の現地派遣
・対象となる事業者等への支援策の検討
・テレワーク等の推進
など
今後の進め方
・既にクラスターが発生している都道府県と連携し、速やかに対応に着手
・課題の洗い出しを行いつつ、成果につなげ、さらに全国展開

厚生労働省「新型コロナウイルス　クラスター対策班の設置について」より作成。
https://www.mhlw.go.jp/content/10906000/000599837.pdf

。クラスター対策班：2月25日、クラスター対策を中心に据えた「新型コロナウイルス感染症対策の基本方針」を受けて厚労省の対策推進本部の下に、「患者クラスター発生の発見」「感染源・感染経路の探索」「感染拡大防止対策の実施」を行うための「クラスター対策班」が設置された（図3）[21]。

各所に発生する患者クラスターを、保健所等を通じて徹底的に追跡して感染拡大を遅らせるという手法は、日本独自のものとして国内外で、賛否双方の観点で大きな注目を集めることになった（ただし、WHO等は肯定的に評価）。

クラスター対策班は、国立感染症研究所や国立保健医療科学院、国立国際医療研究センター、北海道大学、東北大学、新潟大学、国際医療福祉大学等の約30名からなる組織で、厚労省に常駐し、対策の検討・実施を行っている（図4）。

自治体の派遣要請等に応じて、連携した現地対応等の実務も担う。クラスター対策班のメンバーは、対応の過程からSNSやメディアの取材を受け、独自の情報発信を行った。総理や政府の統合されたコミュニケーションが限定的ななかで国民の疑問に答えた側面がある一方、独自の発信が混乱や疑問を生んだ側面もある。独自の発信とその在り方については、将来の検証が必要と思われる。

。基本的対処方針等諮問委員会：特措法は、政府対策本部を設置した際に、政府行動計画に基づ

図4｜クラスター班の組織概要

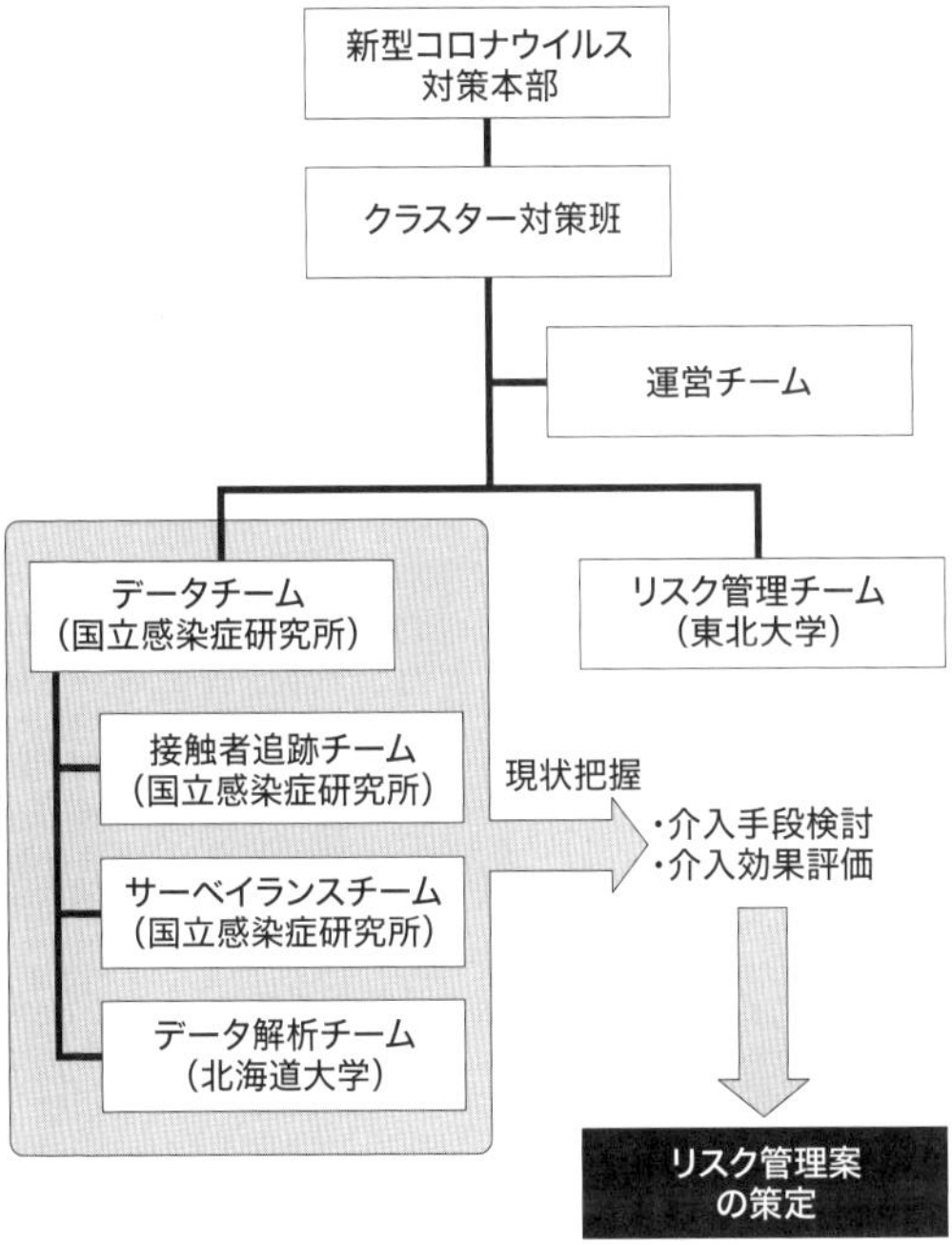

厚生労働省「新型コロナウイルス　クラスター対策班の設置について」3枚目より作成。
https://www.mhlw.go.jp/content/10906000/000599837.pdf

き、有識者の意見を踏まえた「基本的対処方針」を定め、広く周知することを求めている。政府が「基本的対処方針」を定める際に、意見聴取の受け皿となる（図5）。同委員会の構成員には感染症の専門家だけではなく、経済学者や労働分野の専門家なども加わっている。ただし、あくまで新型コロナを含む新型インフルエンザ等の対処方針を検討するための委員会なので、経済対策や景気対策の検討を目的とするものではない。

2012年に成立した新型インフルエンザ等特措法は、政府に常時、新型インフルエンザや新型感染症対策の実施を求めている。そのため総理は新型インフルエンザ等対策閣僚会議を主宰し、また新型インフルエンザ等の発生に備えて「政府行動計画」を作成する。[22,23] 特措法は計画案作成に際して、専門家と学識経験者への意見聴取を求めている。そのため、閣僚会議の下に新型インフルエンザ等対策有識者会議が置かれている。

加えて新型インフルエンザ等の発生時には、政府は前述の政府行動計画に基づいて、「基本的対処方針」を定めて対応する。方針の策定には、政府対策本部長（総理）が基本的対処方針等諮問委員会（専門家と学識経験者）の助言を踏まえることになっている（ただし緊急時を除く）。3月に新型インフルエンザ等特措法が改正されて以来、正式に新型インフルエンザに関する政府行動計画や都道府県行動計画等を新型コロナ対策にも適用することになった。状況に応じて、政府が「基本的対処方針」を発表したのはそのためである。

図5｜新型インフルエンザ等対策特別措置法が定めていた発生前後の政府対策組織と関係の概要

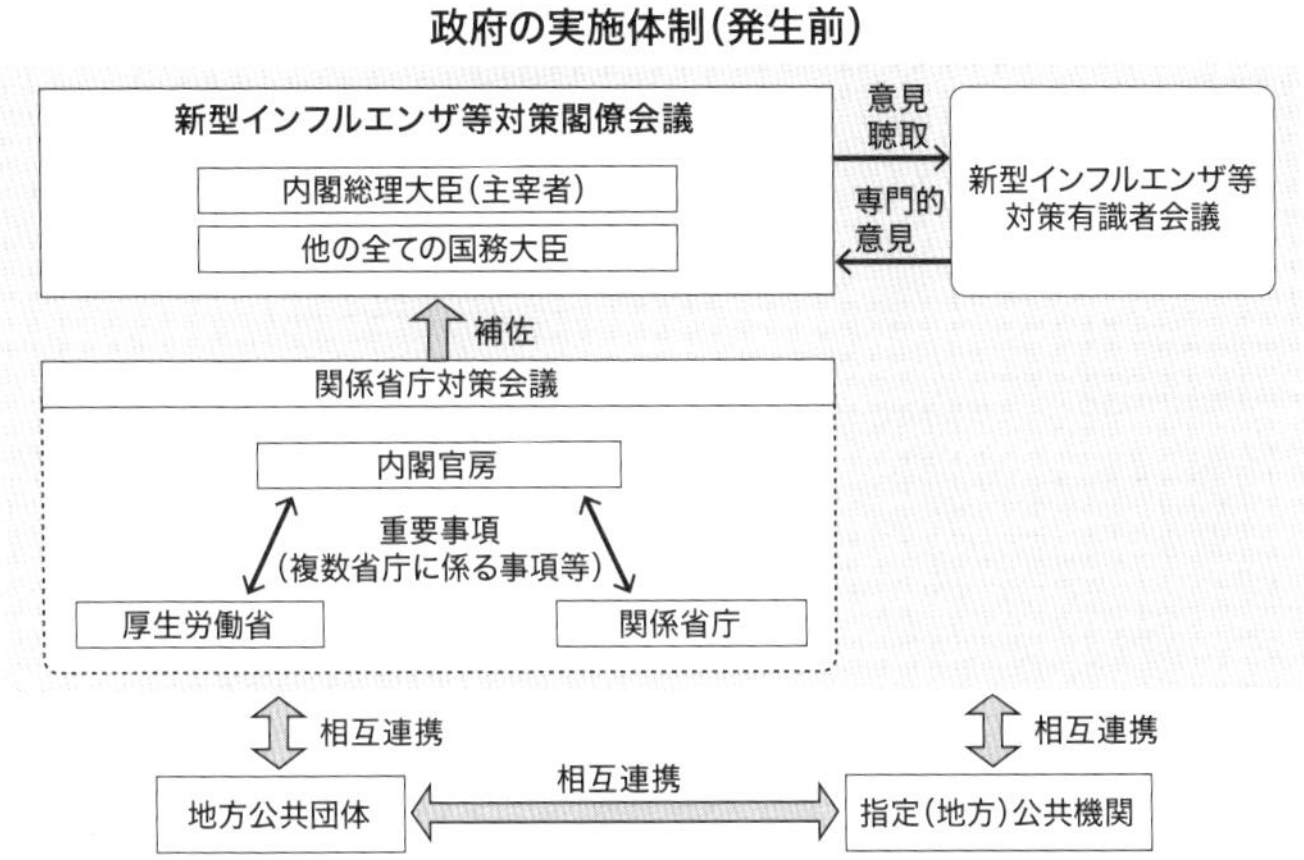

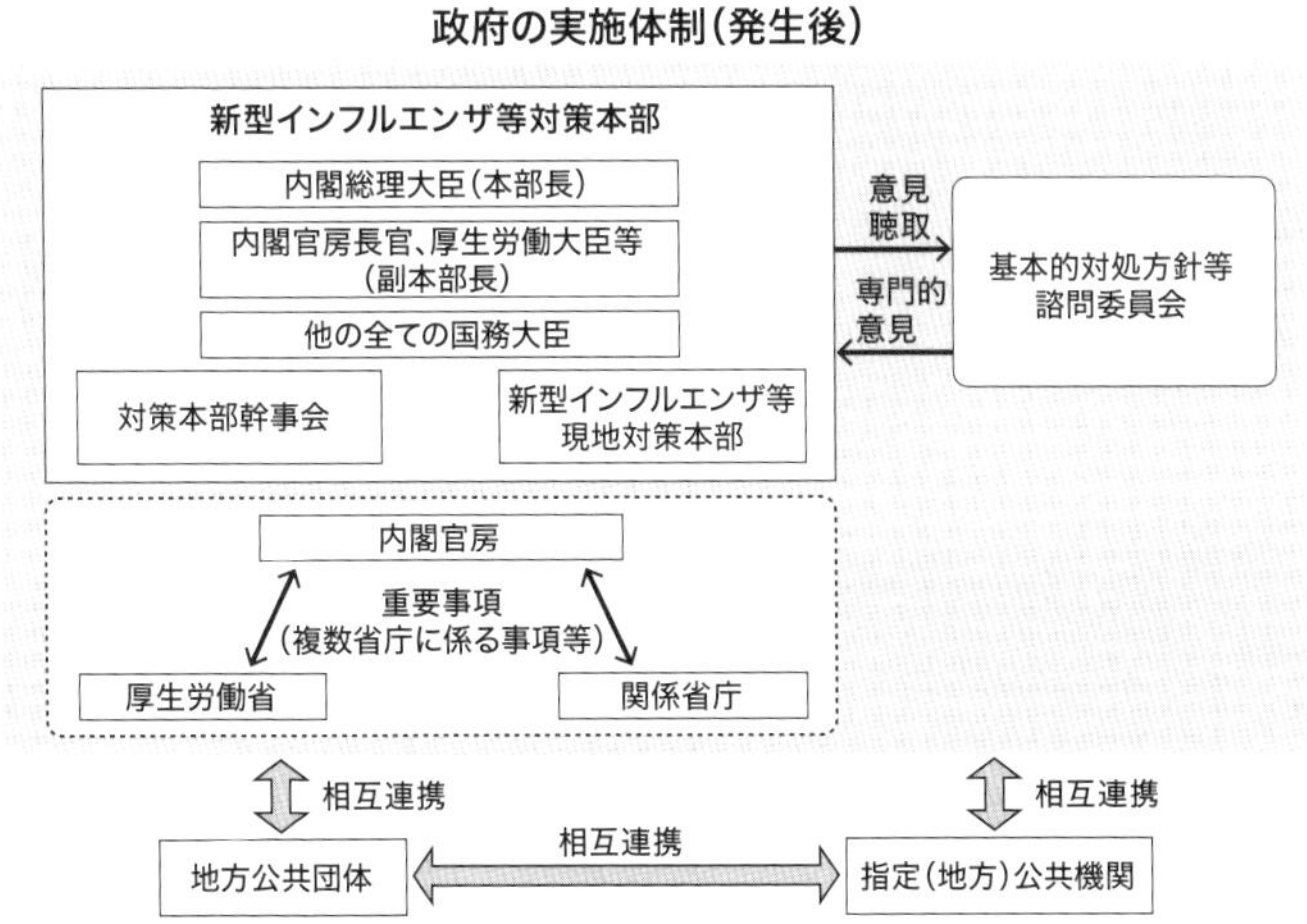

内閣官房「新型インフルエンザ等対策政府行動計画」14ページより作成。
https://www.cas.go.jp/jp/seisaku/ful/keikaku/pdf/h29_koudou.pdf

ほかにもいくつかの会議体が登場するが、さしあたりこれらの役割を理解しておくことが、本書を読み進めるうえでも重要になると思われる。

新型コロナが「指定感染症」と「検疫感染症」に指定されたことで、患者に対する入院措置や公費による医療提供、医師による迅速な届け出による患者の把握、接触者調査が可能になる。検疫でも発熱確認や自己申告から、質問、診察、検査、消毒などができるようになった。

外務省は1月21日、中国全土に感染症危険情報レベル1（注意喚起）を発出した。23日に武漢を所管する在中国日本国大使館に対策本部を設置、24日にタスクフォースを設け、26日にはそれを対策室に格上げさせている。[24] 同日、安倍総理が記者会見でチャーター便等を用意し、邦人の帰国支援に言及した。3日後の29日にはチャーター便の第1便が206人を乗せて羽田空港に到着する。以後、月末までに計3便が中国から日本に向かった。

その後、チャーター便からの帰国者の受け入れ過程や準備、処遇の在り方が注目を集めた。また帰国者対応には災害派遣医療チーム（DMAT）が活用されるなど、大規模災害時とも似た対応がなされた。

日本政府の初動をWHOの一連の状況報告や厚労省などの報道発表資料を通じて確認してきた。それらは1月30日のWHOの緊急事態（PHEIC）宣言に先行するかたちで実施され、対応の迅速さは世界を見渡しても指折りのものであった。

にもかかわらず、後に検討するが世論と野党、メディアで「対応の遅れ」が繰り返し指摘されていくことになった。またいくつかの調査でも同種の認識が明らかになるが、少なくとも事実か否かという水準では必ずしも正確ではないともいえる。明らかに遅れたのは総理自身の記者会見だった。詳しくは後述するが、「記者会見の遅れ」はいつの間にか「対応の遅れ」と重なった。

態勢や方法に対する批判はありえるが、それは政権の問題というよりは「新型インフルエンザ等対策政府行動計画」の内容に関係する。とくに新型インフルエンザ等特措法に基づく新型インフルエンザ等緊急事態宣言の発出やその時期をめぐるものが多い印象だが、国内外で相当数の記事が認められる。

例えば、社会調査研究センターは4月18、19日に「新型コロナウィルスの感染拡大に伴う政府の対応について、あなたの御意見を自由にお書きください」という問いで、寄付型ショートメール手法を用いた自由記述型調査を実施した。同センターは、この調査において「大半の人たちが、対応が遅い上に政府が国民と向き合っていない、という不満を持っている」と結論づけている。もちろん、この調査結果の解釈は一義ではないが、他にも各所において、客観的な根拠の有無にかかわらず政府対応の「遅れ」に関する指摘がなされている。[25]

中国でのアウトブレイク発生と国内発生の察知こそ早かったものの、WHO緊急委員会の緊急事態宣言（1月30日）が発出されるまで、厚労省は概ね通常どおりの感染症対策を継続したようにも思われる。その後の対応が事前に定められた一般的手順によるものだったことの是非は、妥当性やプロセスについては専門家の知見が必要だが、議論の余地がありそうだ。

世界規模でいうなら、この1月末の1週間で感染状況が大きく変化したことは指摘できる。1月24日付けのWHO「第4報」によると、全世界の確定症例は846。日本は1とされている。[26] それが31日付けの「第10報」では、前日30日のデータにおける全世界の確定症例は7818に増加。うち日本は11と、確かに大半は中国だった。また、中国での疑わしい（suspected）症例数は1万2167と報じられた。WHOのリスク評価は中国について「とても高い（very high）」とし、地域レベルのリスク評価でも「高い（high）」というステータスだった。[27]

WHOのPHEIC宣言はアジアに限っていえば事後的な対応だったかもしれないが、中東や欧州、アメリカ、ブラジルやアフリカでの感染大規模化に先行したともいえるので、評価は難しい。

WHOは、3月13日の事務局長定例記者会見で中国、韓国、シンガポールとともに、日本の初期対応について個別に取り上げて言及しながらこう高く評価した。[28]「感染クラスターの詳細調査に支えられた、安倍総理自ら率いる全政府的対応（a whole-of-government approach led by Prime Minister Abe）が感染減少の重要なステップであることを示している[29]」

補論

感染症を社会学から考える

ある社会的な現象において、実態（例：「総務省の統計によれば、日本の人口は約1億2千万人だ」）、規範（例：「日本の人口は約1億2千万人であるべきだ」）、認識（例：「日本の人口は約1億2千万人らしい」）が乖《かい》離《り》することと自体はまったく珍しいことではないどころか、合致しないことのほうがよほど一般的な状況である。

社会学は、むしろそのような状況を前にして発展を遂げてきたともいえる。実態、規範、認識が常に合致するようなら、例えば観察者としてのジャーナリズムや法律の専門家としての法学、統計学など、それぞれの専門が存在すればそれでよいからだ。

それだけでは測り知ることができない残余があり、より直接的には、例えば前述の実態、規範、認識という相当大括《おおぐく》りな三つの変数を挙げてみるだけでも確かにそれらのあいだに不一致やズレが存在する。それゆえに、（最近、日本国内ではあまり評判も芳しくない）社会学は存在しているといってもよいはずだ。

ジグムント・バウマンは社会学と社会学者の独特の手付きについて、著書『コラテラル・ダメージ』（2011年、青土社）のなかで次のように述べている。

> 私たち社会学者がそうした対話の際に演じるよう求められる二つの役割が、見慣れたものを、見慣れないものにすることと、見慣れないものを見慣れたものにすること（手なづけ、飼いならすこと）です。
>
> （中略）
>
> この「ただひたすら結びつけること」のためのスキルとは、生活世界（私たちの時代において、一つの出来事から別の出来事へと生きる世界、個人的なリスクやメリットを念頭に置いて、個人として生き抜く世界）の断片化され、結びつきを失ったイメージをふたたび結びつけ、全体的なものにする技術のことです。[30]

バウマンのような眼前にある現象の前提条件と連関を問う眼差《まなざ》しは、（少なくとも20世紀初頭以前の）社会学における中興の祖らにまで遡《さかのぼ》ることができる。

本書がまだ渦中にある新型コロナに覆われた、主に日本社会を対象に企図するのもまさにこのような整理と分析である。

本書はあくまで執筆時点において、何が（一定程度信じるに足る）事実で、どのような論理に基づいて様々な対応が行われたのか／行われようとしたのか、そしてそれらはどの程度の効力を有したのか／有さなかったのか、だとしたらその理由は何か――ということを検討したい。もちろんそのような「実態」に対して、世論と社会はどのようにそれを受け取って認識し、どのような反応を示したのかということも、その射程に含まれてくることになる。

そこには成果と課題があり、また予期せぬ（非論理的な）反応や接続関係があり、新しい事態と古い事態がいくつかの鍵概念のもとで複合的に浮き彫りとなるはずだ。前述のとおり、鍵概念は「感染の不安／不安の感染」である。前者は主に感染拡大という事実を中心にした認識であり、後者はその認識が放送やSNSといった情報通信網を通じて容易かつ即座に、そして広範囲に拡散されていく現象だ。両者は相互作用しており、どちらかがどちらかの原因になっているというよりは、相関・循環する関係にある。

このような全体像と複雑性を体系的かつ極力平易に記述し、続くこの感染症との闘いや、願わくは今後の類似の事態における主に社会や政策、そしてメディアに関する教訓や示唆を引き出したいと考えている。

全国一斉休校、総理が初会見(20年1月31日〜)

ＷＨＯは、２０２０年1月30日に緊急事態（ＰＨＥＩＣ）を宣言した。翌31日には、ＷＨＯ緊急委員会がＷＨＯと中国、そして各国と専門家コミュニティに対して、事態収拾のための助言を提供することを宣言した。ウイルスの感染拡大防止は可能で、「社会的距離の確保（social distancing）」の推奨など早期の解決手法を提供していく決意と診断方法、ワクチン、治療薬の開発加速を表明した。[31]

前述のようにＷＨＯの緊急事態宣言と前後して、日本政府は1月28日に新型コロナを感染症法に基づく「指定感染症」と検疫法の「検疫感染症」に指定し、30日には内閣官房に政府対策本部を設置した。また、この日には、後に新型コロナの感染拡大の理由の一つとされる、無症状の病原体保有者が国内で発生したことも公表された。

2月1日、厚労省は各都道府県に対して、「帰国者・接触者外来」の設置、受診者数等及び「帰国者・接触者相談センター」の設置状況、相談件数等についての報告を求めている。[32]帰国者・接触者外来とは、「新型コロナウイルス感染症の感染拡大に十分対応し、同感染症の疑い例を、診療体制等の整った医療機関に確実につなぐため、疑い例を診察する」機関だ。帰国者・接触者外来に指定された施設では、院内感染対策や動線の分離等が必要とされる。

現状の医療政策は都道府県がそれぞれ医療計画をつくり、医療圏（医療提供体制を整備する際の地域区分）単位での医療の機能分化と病院の役割分担が進められてきた。厚労省は2月上旬を目処に「帰国者・接触者外来」を、一般的な入院を伴う医療を担う二次医療圏（全国に約350）に1カ所以上設置することを求めた。

帰国者・接触者相談センターは受診前の電話相談のための機関で、受診調整などを行う。並行して、一般医療機関に向けた対応も指示された。外来受付などで来院者に帰国者・接触者外来を受診すべき疑いがあった場合には、帰国者・接触者相談センターに連絡して、受診の案内をするよう促された。感染が疑われる患者が病院に殺到すると、院内感染の原因になるからだ。

こうした施策は、2009年の新型インフルエンザ時に兵庫、大阪、沖縄などで保健所への問い合わせが相次ぎ、発熱外来、休日外来へと人が殺到したことが念頭に置かれたものと考えられる。[33]

一方、欧州でのアウトブレイクの端緒となる、イタリアにおける最初の感染者（武漢への旅行歴のある2人）が報告されたのは1月末日のことだった。[34]

また同日には、WHOがデマや風評対応を行うEPI－WIN（WHO Information Network for Epidemics：感染症のための情報ネットワーク）の創設も公表。感染拡大したイタリアをはじめ、欧州のインフォデミック（情報の過剰性に起因する社会的・政治的混乱）が一般的な意味で社会問題化するのはもう少し時間が経ってからのことだが、WHOがかなり早い時点に対応の必要性を志向していた様子が窺える（例えば、BBCニュースのオンライン版が英語記事を配信したのは2月末のことだった）。[35]

2月に入ると、感染が最初に拡大した中国や韓国、日本をはじめとするアジア、そして欧州、アメリカと感染が拡大し、WHOと各国の対応も緊迫したものになっていった。感染は世界中に拡大。移動の制限や個人防護によって世界的な物資不足などが生じ、WHOも対策に着手した。

一方、日本では2月5日、横浜港に2日前に到着したクルーズ船「ダイヤモンド・プリンセス号」の乗客のうち10人が検疫で陽性反応を示し、神奈川県内の医療機関に搬送されたことが明らかになった[36]。事態の経緯は国立感染症研究所の「現場からの概況」が詳しい。発端は1月23日から咳の症状があり25日に香港で下船した乗客に、新型コロナウイルス感染症の陽性反応が確認されたことだった。

結果、乗客2666人、乗員1045人、計3711人が乗る大規模な国際クルーズ船上で、619人の陽性者と13人の死亡者を出す前例に乏しい感染症拡大事例となった[37][38]。ダイヤモンド・プリンセス号の状況はWHOの2月9日の「状況報告」を通じて、その詳細と日本の対応が世界に向けて日々共有された[39]。

国立感染症研究所の2月26日版の「現場からの概況」は、2月3日の入港前から実質的な伝播《でんぱ》が生じていたと記している。

客室内で乗客が共に曝露《ばくろ》した、あるいはウイルスの伝播があったという可能性を指摘するが、乗客が乗船している間は機能やサービス維持のために乗員が任務を継続する必要があったこと、客室数には限りがあり乗客全員を個別に隔離するのが困難であったことも報告している（ダイヤモンド・

プリンセス号をめぐる対応と問題については後述する）。

“小規模”な印象を与えた日本の経済対策

2月に入って、新型コロナの世界的感染拡大を理由に、世界中で入国拒否や制限の措置が強化されていった。2月7日に、WHOは72の加盟国が何らかの移動制限を実施していることを明らかにした。[40] それは経済と人の移動を中心に各国の相互の繋《つな》がりを肯定し、いっそう深めていこうとする現代社会の大前提を揺るがすものであった。

日本の入国制限措置は1月31日の閣議決定を経て、2月1日から始まった。2週間以内に武漢市が位置する湖北省に滞在歴がある外国人と、湖北省発行のパスポートを所有する外国人が対象だった。

制限範囲は徐々に拡大され、5月27日時点では世界196カ国の半数以上の111カ国・地域が入国拒否の対象になった。[41] アメリカや中国、韓国、台湾、欧州、中東、南米など感染が続く主要国の多くが含まれ、また入国者に対する検疫強化も進められた。14日以内に対象国と地域に滞在歴がある場合には、PCR検査を行うこととされた。

政府対策本部は、2月13日に当面の緊急対応策を取りまとめた。[42] 2019年度予算の執行と予備費103億円を取り崩して、総額153億円規模の施策だった。

事業費の内訳は「帰国者等への支援」に30億円、「国内感染対策の強化」に65億円、「水際対策の強化」に34億円、「影響を受ける産業等への緊急対応」に6億円、「国際連携の強化等」に18億円と、感染拡大防止に重点が置かれたものだった。
しかし、後々まで尾を引いたのが、内訳のなかで小規模な印象を与えた経済対策だった。詳しくは後述するが、東日本大震災を含め過去の大型災害でも法的、社会経済的理由などから、日本政府は有利な条件の貸付支援を経済対策の根幹に据えてきた。新型コロナ対応においても当初、日本政策金融公庫は貸付支援を立ち上げ、5000億円の規模からスタートすることになった。[43]
政府系金融機関の日本政策金融公庫の支援だったことから、この金額は政府支援の外側に「参考」として記入された。そのため、「緊急対応策」の額面はあくまで153億円と報じられた。それは世間に、新型コロナ支援が小規模だという印象を強く残すことになった。
同じ2月13日、神奈川県で国内死亡1例目が確認された。この患者には武漢への渡航歴も、陽性者との接触もなかった。翌14日に、高市早苗総務大臣は、有症患者が入院できる病床整備に必要な備品の購入や、地方自治体の相談窓口設置などで地方に負担が生じる事業について、地方負担額の8割を基本に特別交付税が措置されることを公表した。[44]

専門家会議が発足

2月14日の政府対策本部において、対策本部のもとに「新型コロナウイルス感染症対策専門家会議」（以下、専門家会議）の設置が提案・決定され、2月16日に第1回が開催された。脇田《わきた》隆字《たかじ》・国立感染症研究所所長が座長に、尾身茂《おみしげる》・独立行政法人地域医療機能推進機構理事長が副座長に就任した。[45]

尾身の著作によれば、尾身は地域医療に従事後、WHO西太平洋地域事務局で地域内のポリオ根絶など感染症対策に従事した。1998年から10年間、同事務局長を務め、SARS対策に当たった。自治医大教授やWHO執行理事、厚労省や外務省参与などを歴任した（尾身2011）。

尾身は、2009年に新型インフルエンザが発生した際には、政府の新型インフルエンザ対策専門家諮問委員会の委員長に就任し、政府行動計画やガイドライン等の策定にも深く関わってきた。2012年、当時の民主党政権下で設置された新型インフルエンザ等対策有識者会議の会長も務めている。過去には、国際連合の国際健康危機タスクフォースの15人のメンバーに選ばれるなど、国内外における感染症対策の実績を有する。

新型コロナウイルス感染症対策専門家会議には、やはり同委員会を構成した岡部信彦《おかべのぶひこ》、河岡義裕《かわおかよしひろ》、川名明彦《かわなあきひこ》の3名も加わった。全体では12人からなり、1人の弁護士を除いて、医療や感染症の専門家で構成されていた。

2月16日の初会議において、新型コロナの厄介《やっかい》な特徴である「一部の患者に強い感染力を持つ可能性がある」「無症状病原体保有者がいる」「対症療法が中心で、特別な治療法はない」といったことや、「国内全体としては、国内発生早期ではあるものの、感染経路を特定できない可能性のある症例が複数認められる状況」が確認された。[46]

2月14日、WHOは4月14日の改訂まで使われることになる「戦略的準備・対応計画（Strategic preparedness and response plan）」をオンラインで公表した。[47] WHOは「人から人への感染抑制」「感染経路の特定と隔離」「感染源の動物の特定」「医療崩壊回避とワクチン、迅速な診断法、治療薬等の開発」「偽情報対応含むリスク・コミュニケーション」「協働を通した社会経済へのインパクト最小化」という六つの戦略目標を設定。「状況報告」のなかでも繰り返し強調し、日本の対応方針もほぼこれらと重なるものになった。

2月19日には、第2回専門家会議が開かれ、2010年3月31日の厚労省新型インフルエンザ対策推進本部の総括まで遡って検討されたようだ。[48] この会議では、専門家らによって現状と必要な対策、見通しが提起されている。その一部を確認してみたい。

。**国内の状況としては、既に感染早期という初期の段階ではなく、拡大感染期に入ったという認識である。ただ、地域ごとに状況の差があるので、地域によった評価をして対応を決めるべきである。**

。中国での感染者の発生が落ち着いてきているという蓋然性《がいぜんせい》は高い。この1週間あたりこの状況では、日本国内で封じ込められる可能性もあると科学者の間では認識されている。

。ただ、封じ込めるためには、クラスターを追いかけられるキャパシティであることが前提となる。

〈大規模なイベント等の開催〉

◦国として開催すべきでないイベントに関して明確な基準を示すことは困難であるものの、一般の企業や大学等の組織としては、大まかに判断をするための参考となる基準は示して欲しいはずである。どういう場合に控えてもらうか、ある程度基本的な考えを述べた方が良い。

◦**クラスターの発生を抑制していくことが最も重要である。また、風邪のような症状のある方には外出を控えていただくということも強めに発信するべきである。感染したかもしれない人が他の人へ移さないことはできる。**

◦**この感染症がいつ収まるかわからないが、例えば2週間なら2週間と期限を示さないと、会社をずっと休めなんていうことになれば、社会生活が成り立たない。今が本当に大事な時期だというメッセージを出すべき。**

◦**どれくらいの期間が適当かということは、海外の流行に依存する。今の流行予測を見ていても4月まで流行が続くと思われるので、封じ込める気であれば、「この対策は一定期間行う」と覚悟する必要がある。**（抜粋引用、強調、傍点は引用者による）[49]

2月24日の第3回専門家会議の議事録によると、加藤勝信厚労相が「前回の専門家会議では、国内感染の発生状況を踏まえ、新型インフルエンザの基本的対処方針をベースに、この新型コロナウイルスの特性等を踏まえた上で、対策に関する基本方針を早急に準備すべきとの御提言をいただきました」と述べている。[50] こうして政府の新型コロナ対策は、新型インフルエンザの基本的対処方針を踏襲するかたちで実施することがほぼ固まった。

2月27日、一斉休校の速報が流れる

2月25日、政府対策本部は、「新型コロナウイルス感染症対策の基本方針」を公表した。[51] この基本方針に、学校臨時休業について今後検討していくことがすでに記載されていた。学校の臨時休業は新型インフルエンザ国内感染拡大時にも実施された感染症対策手法の一つである。

学校休業に関して、もっとも迅速な対応を迫られた自治体の一つが北海道だった。全国的にみても顕著な感染の蔓延《まんえん》が懸念されていた。北海道の鈴木直道知事は2月26日の臨時記者会見で、道内の小中学校に対する2月27日から3月4日までの一斉休校の要請を公表した。[52] この要請を受けて、全179市町村の、公立、私立あわせて1691の学校が休校することになった。[53]

同じく千葉県市川市も2月27日の会見で、小学校38校、中学校15校、義務教育学校1校、特別支援学校1校、幼稚園6園の計61校園で、2月28日から3月12日までの2週間休校・休園することを明らかにした。[54] スポーツクラブなどを中心に感染拡大が発生し、利用者のなかに教職員が含まれていたためだ。

学級単位（「学校の全部又は一部」）の閉鎖は学校保健安全法の「臨時休業」でも規定されていることから、季節性インフルエンザの流行時期などにも珍しいことではない。しかし、全国一斉実施は過

去に例がなく、まさか前例のない規模で、週内に動くことを予想していた人は多くはなかったはずだ。

2月27日、速報で全国の学校一斉休校を検討している旨が報じられた。この日は木曜日で、韓国での感染拡大を受けて、過去14日以内に韓国の大邱《テグ》広域市及び慶尚北道清道《チョンド》郡に滞在歴のある外国人の入国拒否が始まったタイミングでもあった。一斉休校の報道は、政府対策本部での安倍総理の次の発言をきっかけとしたものだった。

このため、政府といたしましては、何よりも、子どもたちの健康・安全を第一に考え、多くの子どもたちや教職員が、日常的に長時間集まることによる感染リスクにあらかじめ備える観点から、全国全ての小学校、中学校、高等学校、特別支援学校について、来週3月2日から春休みまで、臨時休業を行うよう要請します。なお、入試や卒業式などを終えていない学校もあろうかと思いますので、これらを実施する場合には、感染防止のための措置を講じたり、必要最小限の人数に限って開催したりするなど、万全の対応をとっていただくよう、お願いします。[55]

辛うじて28日の金曜日を準備にあてられるため、翌週からの一斉休校を求めるタイミングとしてはギリギリだった。筆者の子どもが通っている都内の小学校からも臨時休業の連絡が入った。春休み明けまでが臨時休業となったが、実際には東京などでは5月いっぱいまで休校。6月に入って部分的、段階的に学校活動が再開した。

かつてない規模の措置に賛否両論が寄せられた。学校休業はこの後、多方面で具現化していくことになる強力な制約の端緒となった。

問題は山積していた。学童保育や給食、単位の未履修、休校期間中の学習、保護者の理解、また休校期間の長さしだいでは、その後の進級や学年暦をどうするかといったことまで枚挙にいとまがなかった。対応のために初等・中等教育における9月入学導入が唐突に提起、撤回されるなど、学校休業は政治におけるノイズにもなった。メディアには感染症対策の有効性の是非を離れて、多くの批判があふれた。日本の世論は一貫性を欠いた政策を嫌う。理解が難しくなるためだ。

ひと足早く学校の休校措置を取っていた北海道は、さらに踏み込んだ対策に乗り出した。1月28日に道内で1人目の症例が出てからの1カ月で感染拡大が進み、2月28日、鈴木知事が週末の外出自粛を呼びかける北海道独自の「新型コロナウイルス緊急事態」を宣言（図6）。全国の外出自粛要請の先駆けとなった。

2月末日。土曜日の18時からという、珍しい時間帯に総理記者会見が行われた[56]。1月15日に国内で新型コロナウイルスの感染者が確認されて以来、初となる会見の場で総理が何を語るのか、大きな関心が寄せられた。それまでにも対策は行われていたが、国民には「遅れた会見」が強く印象に残った。

週明けからの全国一斉休校の前に、自らの言葉で国民に語りかけたかったのかもしれない。会見

図6｜週末の外出自粛を呼びかける北海道新型コロナウイルス緊急事態宣言

令和2年2月28日

道民の皆様へ

新型コロナウイルス緊急事態宣言

＜道民の底力で　ＳＴＯＰ！コロナウイルス＞

◆新型コロナウイルスの感染を防ぐため、オール北海道で取り組んできましたが、状況はより深刻さを増しています。
◆早期の終息、そして皆さんご自身と大切な人の命と健康を守るため、お願いしたいことがあります。
感染の拡大防止のため、
この週末は、外出を控えてください。
◆皆様のご理解とご協力を、よろしくお願いします。

北海道知事　鈴木　直道

北海道新型コロナウイルス感染症対策チーム「緊急事態宣言」より引用。
http://www.pref.hokkaido.lg.jp/hf/kth/kak/0228kinkyuuzitaisengen.pdf

は、「これから1、2週間が、急速な拡大に進むか、終息できるかの瀬戸際となる。こうした専門家の皆さんの意見を踏まえれば、今からの2週間程度、国内の感染拡大を防止するため、あらゆる手を尽くすべきである」という言葉から始まった。

全国一斉休校を臨時かつ緊急性の高い措置として実施することが周知される一方で、のちに延期が決定する東京五輪も、中国の習近平国家主席の来日も予定どおり行うという相反する内容が含まれていた。

記者会見において、質疑応答まで含めて7回「責任」という言葉が使われ、安倍総理は新型コロナウイルスを「勝利」すべき未知の「敵」になぞらえた。その敵に「勝利」するためには、国民をはじめ、立法などにおいては野党の「協力」も必要であるというロジックだった。事前報道とほぼ同内容で新規の提案や説明にも乏しく、随所にちぐはぐな印象を拭《ぬぐ》えなかった。

この会見の後も、国民は政府から幾度も「ここが瀬戸際」というメッセージを受け取ることになった。だがこの会見において、総理は定量的な目安も、なぜいま瀬戸際なのかについての説明も、また日本政府の取り組みがWHOと過去の新型インフルエンザ対策等を踏まえたものであることなども説明しなかった。

日本社会は、これから訪れる未曾有《みぞう》の事態に対する底しれぬ不安に覆われようとしていた。

国内感染拡大、パンデミック宣言（20年3月1日〜）

2月末に慌ただしく呼びかけられた全国的な学校一斉休校で、2020年3月は幕を開けた。本来、学校の臨時休業は設置者が判断する（学校保健安全法第20条）。その意味では、総理の全国一斉休校の依頼は法的根拠が明確ではなく、あくまで要請だったが、「総理の言葉」の影響力は絶大で全国のほとんどの学校が休校に入った（政府資料では100%、朝日新聞報道では99%）[57]。

3月は、習近平国家主席の来日の見送り決定（3月5日）や、コメディアンの志村けんの死（3月

図7｜クラスターの発生が確認された条件

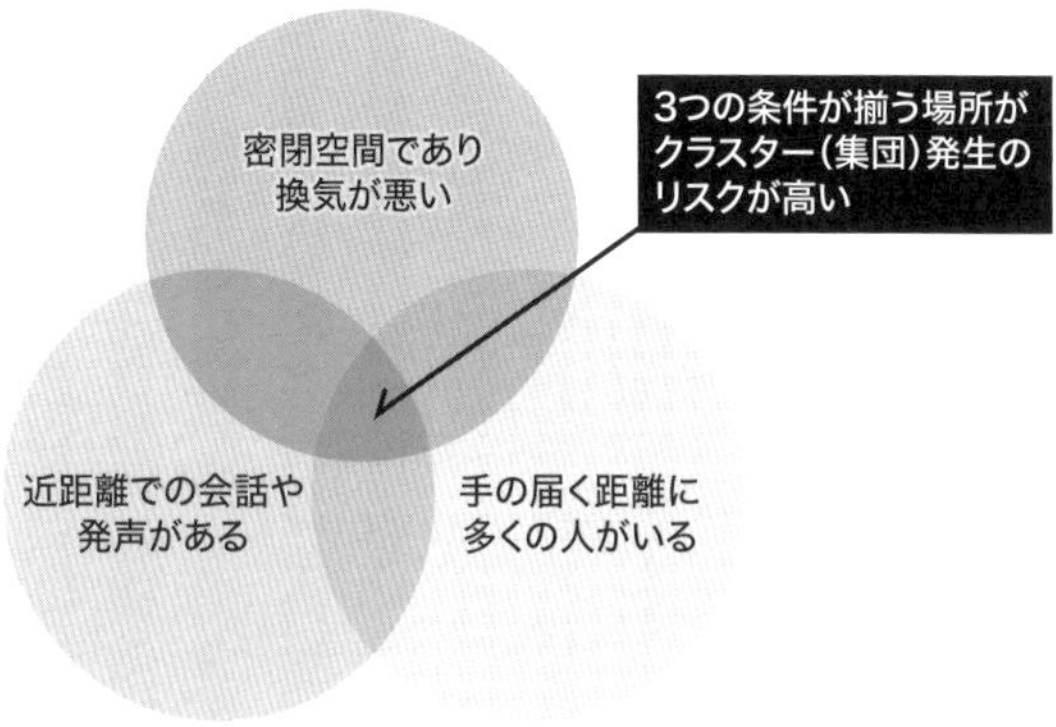

新型コロナウイルス感染症対策専門家会議（第6回）「新型コロナウイルス感染症対策の見解」7ページより作成

29日）など著名人の感染や死亡などが相次いで起き、非常時としての体がますます強まった。社会の関心の対象は、感染防止と並行して経済的なものに向かいつつあった。とくにイベントの自粛要請などが始まったことで、特措法は営業自粛の「補償」を想定していなかったが、政府が営業上の「損失」を補償すべきだという論調が世論のなかで強まっていった。

感染自体も孤《こ》発例《はつれい》（感染経路が不明な症例）が目立ち始め、感染経路を十分に追跡できなくなっていた。

3月9日には専門家会議が、のちに「3密」として広く認知されるようになる「**①換気の悪い密閉空間、②人が密集していた、③近距離での会話や発声が行われた**という三つの条件が同時に重なった場」（図7）はクラスターが発生しやすいことから、日常生活において避けるよう呼びかけた。[58]

もともと、専門家会議は「三つの条件が同時に重なった場」の回避を呼びかけたはずだが、世間の受け止めは一つひとつの「密」をリスクと見なし、忌避《きひ》する雰囲気になった。

マスクを求めて連日の行列

3月に入ってから、ますます物品の品薄が目立つようになった。

とくに市中でのマスク不足は、1月末から始まっていた。花粉症や季節性インフルエンザなどで必要な人が増える時期であるところに、政府や厚労省が他者への感染防止にマスク着用を推奨したこと、世界的な需要の高まり、医療機関等への優先供給等が重なったためだ。ドラッグストアやコンビニでの品切れが目立ち、オンラインストアや中古品などを扱う2次市場での高額転売が報じられるようになった。

マスクは自身の感染防止効果は今のところ限定的だが、他者への同効果があるとされている。マスクを入手できずに不安を感じている人が、自身の感染を防ぐには効果の乏しいマスクを求めて密集、密接もいとわず行列するという、はたから見ると矛盾した行動を取るケースがいかに多かったかということが想像される。

不安は人の目を曇らせ、合理的行動から人を遠ざける。しかもそれを指摘したり非難してみたところで、感染拡大を止めることには全くつながらないから厄介だ。筆者が住む都内でも、早朝の開店前から長蛇の列が2月、3月と連日相次いだ。行列の場面を、連日マスメディアが報じることで、不安を感じていた人だけではなく、さらに多くの人がますます不安を感じる悪循環が生じた。不安への対処が、単に「心の問題」では済まないことがよくわかる。

ちょうど花粉症のシーズンと重なったこともあって、例年マスクが必要な時期でもあった。2月末、総理会見で供給改善の言及があったにもかかわらず、その後、都内では5月中旬ごろまでマスクの品薄状態は続いた。事情は多様だが、国民の政府への期待は裏切られた格好だ。

マスク不足を背景に、4月に入り布マスク2枚を全戸配布する施策を手掛けたが、「アベノマスク」と揶揄《やゆ》され、また品質や配布速度などに難があったこともあって、強力な政治不信を招くことになった（結局、筆者の手元にマスクが届いたのは5月最終週のことだった）。

マスクから始まった物資不足とネットへの高値転売だが、アルコール消毒液やウェットティッシュの品切れ、トイレットペーパーへと徐々に広がっていった。全国一斉休校措置の公表後には、レトルト食品や冷凍食品が子どもたちの昼食用に売り切れたりもした。

改正新型インフルエンザ等特措法に基づく「新型インフルエンザ等緊急事態」が宣言されると、体温計、体温計用と思《おぼ》しき規格のボタン電池、子ども用絵本に書籍、室内遊具、トランプ、パズル、果ては強力粉やドライイーストなどにまで物資不足の範囲を広げることになった。そして軒並み、ネットショップなどの二次市場で高値転売されていた。

物資の安定供給と価格統制のために、3月10日にはオイルショック時に制定された「国民生活安定緊急措置法施行令」が改正され、マスクの転売が禁止された。[59] しかしその後もマスクの品薄、転売状態は継続した。緊急事態宣言の前後には、コンビニやスーパーでのカップ麺や乾麺、缶詰など保存食品の買い占め、買い足しなども認められた。

WHOが「制御可能なパンデミック」と認定

感染拡大につれて、日本を含めた各国政府が緊迫感をもって国内対応に注力するようになった。WHOは、新興国対策や各国調整、個人防護具の物流確保などグローバルな取り組みを担っていたが、日本国内での対応や世論という観点では、その存在感は薄れていた。

再びWHOに対する注目が高まったのは、3月11日のことだった。WHOは新型コロナウイルス感染症がコロナウイルスによって引き起こされた初めてのパンデミックであること、同時に初めての「制御可能なパンデミック（a pandemic that can be controlled/a controllable pandemic）」だと認定。[60]さらに3月13日、WHOは欧州が「パンデミックの震源地（the epicenter of the pandemic）」になったと言及した。[61]感染の中心はアジアから欧州に移ろうとしていた。

しかし、WHOのテドロス事務局長は、パンデミックに認定したことでWHOが問題の基本的な評価や対応を変えることにはならないとも述べた。そのため3月19日の専門家会議は、「社会・経済機能への影響を最小限としながら、感染拡大防止の効果を最大限にするという、これまでの方針を続けていく必要がある」との認識を示した。[62]

また、戦術として**①クラスター**（患者集団）**の早期発見・早期対応、②患者の早期診断・重症者へ**

の集中治療の充実と医療提供体制の確保、③市民の行動変容――という従来の新型コロナ対策の3本柱を維持、さらに必要に応じて強化していくことを表明した。改めて専門家会議の状況認識や評価と、WHOとのそれらの重なりと踏襲が示唆された。WHOの認識ではワクチン開発が本格化するのもこの時期だが、本書執筆時点では未だ製品化の目処は立っていないのが現状だ。[63]

国内対策が本格化するにつれて、個々人の感染対策は国内状況に照らしてなされるようになっていく。

3月末にかけて、一過的な感染者増の停滞から「自粛の緩み」も指摘されるようになった。各々《おのおの》の判断で対策・行動を選択・決定する「自粛」は、個人の判断を尊重することが大前提になっているはずだった。しかし、4月に入って「新型インフルエンザ等緊急事態」が宣言されると、「要請」であるはずの「自粛の緩み」が声高に非難され、社会的な逆風に晒《さら》される奇妙な事態が顕在化した。

3月10日に、緊急対応策第2弾が公表された。第1弾の規模は153億円だったが、第2弾の予算措置は4308億円と大幅に拡大された。並行して日本政策金融公庫等に総額1・6兆円規模の金融措置が講じられ、その旨も強調されることになった。概要を見てもわかるとおり、緊急対応策第2弾は世論の要望どおりに、経済対策にその多くが割かれることになった（図8）。

4308億円の大まかな内訳は、感染拡大防止策と医療提供体制の整備486億円、学校の臨時休業に伴って生じる課題への対応2463億円、事業活動の縮小や雇用への対応1192億円、事態の変化に即応した緊急措置等168億円で、その「外枠」に金融措置1・6兆円規模が記載された。WHOへの拠出と医療関係措置を除くと、その多くが雇用や企業の事業継続に関連した内容だった。

大規模イベントの自粛が引き続き要請され、結果として翌3月11日に予定されていた東日本大震災から9年の政府主催の追悼式も開催は断念されることになった。春、そしてのちに夏の高校野球も中止になるなど、多くの国民的行事に影響が及ぶことになった。しかし、日本政府に決定権はなかったが、この時点では東京五輪はまだ開催が前提とされたままだった。

新型インフルエンザ等対策特別措置法の改正へ

並行して3月10日、国会に内閣提出法案として、新型インフルエンザ等特措法の改正案が提出された。朝日新聞は、安倍総理が3月4日に連立を組む公明党の山口那津男代表とともに、国会内で立憲民主党の枝野幸男代表ら野党5党首と個別に会談したことを報じている[64]。同法は、改正前から「新型インフルエンザ等」とその対象を広く感染症に規定していたため、「新感染症」に指定することで新型コロナにも適用可能ではないかという指摘もあった。

「新感染症」は、「人から人に伝染すると認められる疾病であって、既に知られている**感染性の疾病とその病状又は治療の結果が明らかに異なる**もので、**当該疾病にかかった場合の病状の程度が重篤であり**、かつ、当該疾病のまん延により国民の生命及び健康に重大な影響を与えるおそれがある

図8｜新型コロナウイルス感染症に関する緊急対応策第2弾の概要とその規模

新型コロナウイルス感染症に関する緊急対応策第２弾の規模

○　緊急対応策第1弾（153億円）に加え、今年度予算の着実な執行と予備費2,715億円(一般会計2,295億円、特別会計420億円）の活用により、**緊急対応策第２弾**として**4,308億円**の財政措置を講ずる。
○　あわせて、資金繰り対策等に万全を期すため、日本政策金融公庫等に**総額1.6兆円**規模の金融措置を講ずる。

1．財政措置：4,308億円
(1)感染拡大防止策と医療提供体制の整備：486億円
○保育所や介護施設等における感染拡大防止策（107億円）　○ＰＣＲ検査体制の強化（10億円）
○需給両面からの総合的なマスク対策（186億円）○医療提供体制の整備（133億円）
○治療薬等の開発加速（28億円）

(2)学校の臨時休業に伴って生じる課題への対応：2,463億円
○保護者の休暇取得支援等（新たな助成金：1,556億円、個人向け緊急小口資金等の特例：207億円）
○放課後児童クラブ等の体制強化等（470億円）　○学校給食休止への対応（212億円）
○テレワーク等の推進（12億円）

(3)事業活動の縮小や雇用への対応：1,192億円
○雇用調整助成金の特例措置の拡大（374億円）　○強力な資金繰り対策（782億円）
○観光業への対応（36億円）

(4)事態の変化に即応した緊急措置等：168億円
○ＷＨＯ等による感染国等への緊急支援に対する拠出(155億円)

2．金融措置：1.6兆円規模
○セーフティネット貸付・保証（6,060億円）　○新型コロナウイルス感染症特別貸付（5,430億円）
○日本政策投資銀行等による大企業・中堅企業等への金融支援（2,040億円）
○国際協力銀行によるサプライチェーン確保等への金融支援（2,500億円）　等

（注）第2弾の予備費2,715億円の内訳は、1.（1）346億円（うち一般会計346億円）、（2）1,409億円（同989億円）、（3）797億円（同797億円）、（4）163億円（同163億円）。

首相官邸「新型コロナウイルス感染症に関する緊急対応策第２弾の規模」より引用。
https://www.kantei.go.jp/jp/singi/novel_coronavirus/th_siryou/kinkyutaiou2_kibo_corona.pdf

と認められるもの」（傍点、強調は引用者による）と定義される。

新型コロナウイルスは約8割の感染者が無症状か軽症だとされる。定義に該当するかは専門的な議論の余地がある。しかし、政府としては該当しないと判断し、相当程度、既存の感染症に似ているとしたことから、法改正によって明確化を企図したのではないか。

提出された改正案の骨子は附則第一条に「一条の二」として条項を付け加え、新型コロナウイルス感染症を、「新型インフルエンザ等」とみなして遡って同法の規定を適用可能にするというシンプルなものだった。これは言い方を変えると、新型コロナ対策の諸施策は現政権で構想されたものではな

く、その大半は民主党政権を含む過去の政権を踏襲することに変わりなかった。

しかし野党とメディア、市民団体からは、新型インフルエンザ等特措法が有する「私権の制限」に対する懸念と批判が噴出した。[65] 総理や閣僚もそのような声に押されるかたちで、「新型インフルエンザ等緊急事態」(緊急事態宣言)の条件について「現時点では満たしていない」という現状認識を公言することになった。

さらに、新型インフルエンザ等特措法が規定する「指定公共機関」に民間放送局が含まれ、さらに番組内容に政治が介入する余地があるのかどうか野党議員に問われて答弁が紛糾するという場面もあった。指定公共機関に関する内容は、本改正に含まれていなかった。だが、過去にメディアや報道機関との慣例を幾度も変更し、以前にはＮＨＫの歴史番組への介入疑惑が取り沙汰されたこともある総理と政権だけに、こうした懸念もある種の「確からしさ」をもって伝聞されることになった。

その後、3月16日には安倍総理自ら「民放は対象外」であると答弁することになった。むろん二転三転する方針や相反する内容を含む会見と同様に、法改正をめぐるやり取りも、経緯や改正内容に詳しくない多くの国民感情を不安で揺さぶった。

改正新型インフルエンザ等対策特別措置法は3月13日に成立した。しかし、このような批判や動揺を踏まえてか、改正直後に緊急事態宣言が発出されることはなかった。一過的な感染拡大の落ち着きも影響したかもしれない。

3月14日、新型インフルエンザ等特措法の改正を踏まえて、総理は再び記者会見を通して、国民の前に立ち、ここでも改めて「現時点で緊急事態を宣言する状況ではない」と宣言することになった。[66] 前回会見の批判を受けてか、質疑あわせて52分余りの会見時間を確保した。通常時、総理に対する質問機会に恵まれないネットメディアやフリーランスの記者たちの質問にも答える「配慮」を見せた。

総理自身で「緊急事態宣言」をたびたび否定したものの、既知のように3週間後には緊急事態を宣言することになった。状況が変わったといえばそれまでだが、見方によっては態度を180度変えたと受け取ることもできてしまう。実際の政策や対応状況、さらにそれらの妥当性とは別に、政治的ノイズに抗しきれない政権が随所で、場当たり的に発せられる、とくにネット上の『民意』に耳を傾けすぎる」がゆえに、たびたび対応がぶれているようにも見える事態（「耳を傾けすぎる政府」）がいっそう目立ち始めた。

改正新型インフルエンザ等特措法の施行によって、同法に基づく「新型コロナウイルス感染症対策本部」（政府対策本部）が3月26日から設置できることになった。

「すでに政府対策本部は設置されていたのではないか」と、違和を覚える人もいるかもしれない。それまでの政府対策本部は「中華人民共和国で感染が拡大している新型コロナウイルス感染症について、感染が拡大している現下の状況に鑑《かんが》み、政府としての対策を総合的かつ強力に推進する」ための組織で、厚労省の「新型コロナウイルス感染症対策アドバイザリーボード」の活動等を踏まえ、2009年の新型インフルエンザ対策を念頭に置いた設置だったと思われるが、同法を根拠とするものではなかった。

そのため、それまでの政府対策本部では、同法が定める「新型インフルエンザ等緊急事態」の宣言や、それに伴う外出自粛、休業の要請等を法律に依拠しながら実施することはできなかった（一斉休校の要請のように、行政の裁量の一部として実施することは可）。

もう一つの変化は、総理を本部長とする政府対策本部（3月26日以後）が置かれたことで、都道府県対策本部の設置が必要になったことだ。

同法において、都道府県知事は各地域で新型インフルエンザ等の対策に関する総合調整を担う。都道府県対策本部の設置によって、新型インフルエンザ等緊急事態の宣言を前提とするもの（外出自粛の要請や臨時医療施設の提供、施設使用の停止の要請など）を除いて、新型インフルエンザ等特措法で定められた様々な施策の実施が可能になった。

小池百合子都知事の「ロックダウン」発言

3月18日に、政府対策本部は、「生活不安に対応するための緊急措置」を公表した。[67]「個人向け緊急小口資金等の特例の拡大等」「公共料金の支払いの猶予等」「国税・社会保険料等の納付の猶予等」「地方税の徴収の猶予等」の内容が含まれていた。2月のうちに、すでに1カ月延期されていた2019年度分の確定申告期限や運転免許証の更新など、多様な公的機関への申告、支払い等の期限延期が新型コロナの拡大によって決まった。

翌19日の専門家会議では、「新型コロナウイルス感染症対策の状況分析・提言」（2020年3月19日）を公表。[68] WHOのパンデミック宣言やこれまでの施策を振り返りながら、今後の方針を提案した。また、先行して独自の緊急事態宣言を行った北海道の状況を評価して、次のように述べている。

緊急事態の発生前と発生後の同一期間（2月16日〜28日と29日〜3月12日）で実効再生産数を推定すると0・9（95％信頼区間：0・7、1・1）から0・7（95％信頼区間：0・4、0・9）へと減少をしました。

（中略）

専門家会議としては、北海道では一定程度、新規感染者の増加を抑えられていることを示していると判断していますが、依然として流行は明確に収束に向かっておらず憂慮《ゆうりょ》すべき状態が続いていると考えています。また、北海道知事による緊急事態宣言を契機として、道民の皆様が日常生活の行動を変容させ、事業者の方々が迅速に対策を講じられたことについては、急速な感染拡大の防止という観点からみて一定の効果があったものと判断しています。（原文下線等を削除[69]）

この時点での北海道を除く、日本全般についての評価は「日本全国の実効再生産数は、日によって変動はあるものの、1をはさんで変動している状況が続いたものの、3月上旬以降をみると、連続して1を下回り続けています。今後とも、この動向がどのように変化するのか、注意深く観察を続けながら、状況に応じた必要な対応をその都度、機敏に講じることが求められ」るとした。

「自粛の緩み」批判がメディアで噴出するが、3月19日時点では実効再生産数（感染者1人が何人に感染させるかを示す値）が1を割り込んだことで、事前に「私権の制限」等が強く懸念された緊急事態宣言は発出されないのではないかといった期待も世論にはあった。そうした状況を踏まえた「出口戦略」の模索だった。

　こうした分析を踏まえて、従来対策の強化・拡充、「3密」回避や重症者優先の医療体制構築、またクラスター対策のための予算、人材確保や地方自治体で感染者情報を共有し、リスク評価に用いるシステム構築等を専門家会議は提案した。

　専門家会議の分析と翌20日からの三連休、「自粛疲れ」も重なり、世間に楽観ムードが漂い始めた。ところが追い打ちをかけるように、国内の感染状況が悪化し始めた。

　3月19日には、すでにいくつかの感染クラスターが確認されていた大阪府と兵庫県が独自の判断で、両府県間の往来自粛を呼びかけた[70]。大阪府は5月22日まで、兵庫県は5月24日まで継続することになったが、この3月19日の発表では期限は明らかにされなかった。

　都道府県対策本部の設置後、とくにメディア対応に長《た》けた都道府県知事らは連日のように記者会見を行った。国民も有事を受けて、また在宅時間が長くなるにつれて、知事らの発言に関心を強く示すようになった。ワイドショーを行脚《あんぎゃ》する者や、ネットでの発信に注力する者まで、アプローチは多様だった。
2020年7月5日を投開票日とする東京都知事選では、現職の小池百合子陣営は、時勢に「配慮」して従来型の選挙運動を実施しなかったが、小池は都知事として多くのメディアに取り上げられた。
小池の発言は注目を集めたが、とくに「ロックダウン」と「オーバーシュート」発言は、国民の不安感情を強く刺激した。[71] 3月23日の会見中、欧州やアメリカなどで感染の急拡大と医療崩壊が生じている事態と重ね、「感染者の爆発的増加」を「オーバーシュート」と表現し、その際には「強力な社会的な隔離策」として「ロックダウン」が必要だと述べたのだった。
実際には新型インフルエンザ等特措法は、都市封鎖を罰金、罰則等の法的強制力を伴って実施するための措置を規定していなかった（物資等の優先確保や交通維持に関する規定はあった）。[72] しかしメディアに多く露出し、独特の存在感を放っていた小池都知事の発言は、都民を中心に恐怖をもって受け止められ、買い足し、買い占め行動などを誘発することになった。
翌24日には東京五輪の1年程度の延期が決まり、続く25日には小池知事が事態を「感染爆発重大局面」と表現し、週末の外出自粛を呼びかけた。しかし、国内感染は急増しつつあった。[73]
厚労省も全国知事会に対して、「感染状況の進展を見据えた体制移行の検討」「ピーク時を見据えた医療体制（病床、機材、人材等）の確保」を要請した。[74]
その後4月11日には、国内での感染が1日当たり最多の714例を記録するまでになった。[75] 速報と確定の違いか、細部の数字にこそ違いが認められるが、3月末から4月初頭に感染のピークが訪れた（図9）。

緊急事態宣言に向けて、高まる待望ムード

3月26日にはすでに述べたとおり、新型インフルエンザ等特措法が定める「新型コロナウイルス感染症対策本部」（政府対策本部）が設置された。

同日、専門家会議は「厚生労働大臣による内閣総理大臣への報告案」を検討した。報告書には、感染源が特定できない患者、また在外邦人に帰国を奨励した結果、中国以外に欧州などから持ち込まれる例が増加していることなどを踏まえて、「新型コロナウイルス感染症について、そのまん延のおそれが高いと認められる」との記述が認められる。

現状の対策では十分に抑え込めず、対策を次のステージへと進めようという雰囲気が色濃くなってきた。

感染が拡大する各都道府県の知事も同様で、大阪府の吉村洋文知事はその筆頭だった。3月27日には、特措法で定められた「基本的対処方針等諮問委員会」の第1回が開催。[76] その日の夜の記者会見で、吉村知事は検査件数中の陽性件数割合を示す「陽性率」が40～50％になれば、緊急事態宣言を考える必要があるとの認識を明らかにした。[77]

3月30日には、専門家会議の構成員でもある、日本医師会の釜萢《かまやち》敏《さとし》常任理事が記者会見で「多く

図9｜日本国内での発生動向

令和2年6月5日24時時点

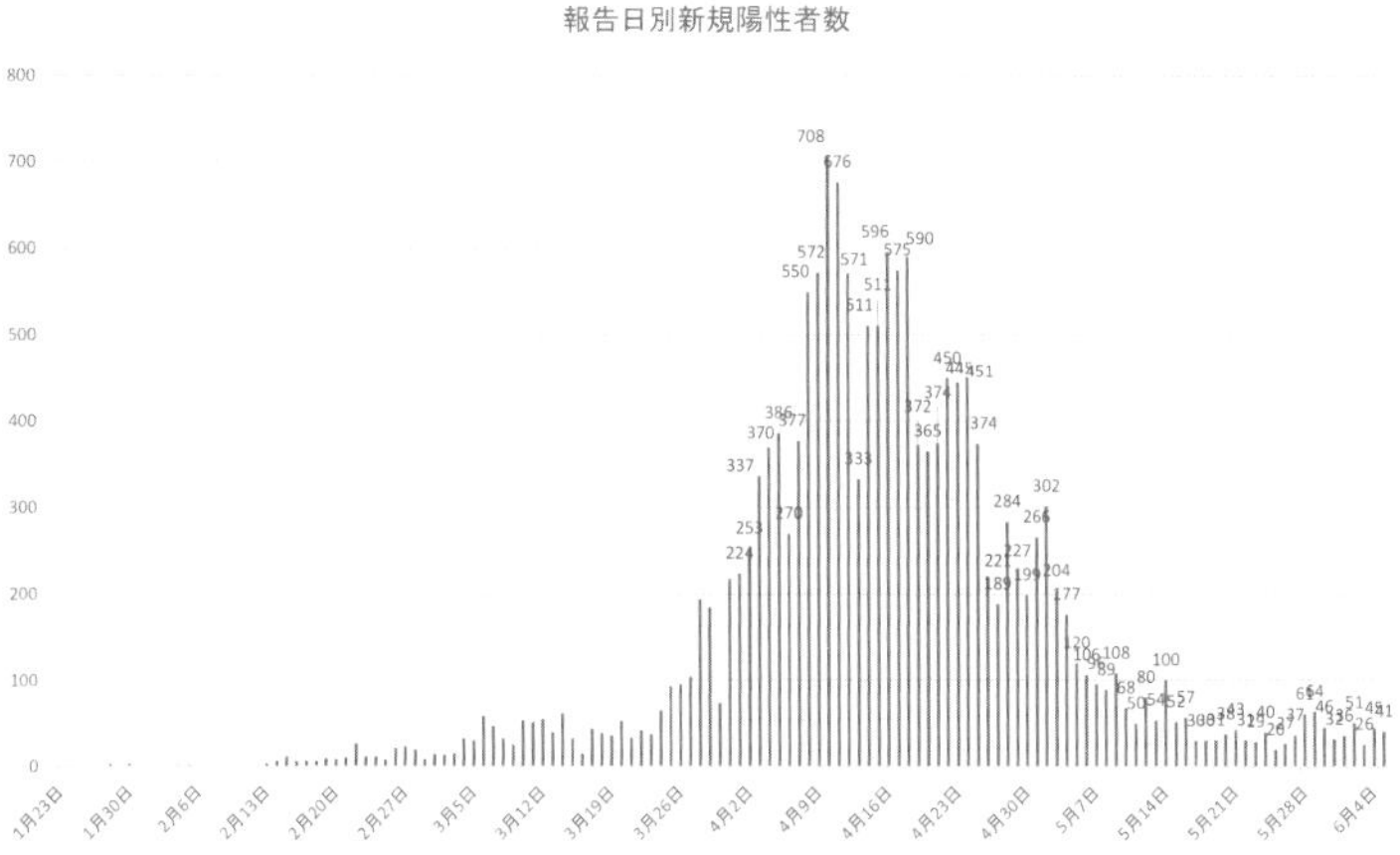

※1　都道府県から数日分まとめて国に報告された場合には、本来の報告日別に過去に遡って計上している。なお、重複事例の有無等の数値の精査を行っている。
※2　5月10日まで報告がなかった東京都の症例については、確定日に報告があったものとして追加した。

厚生労働省「新型コロナウイルス感染症の国内発生動向」より引用。
https://www.mhlw.go.jp/content/10906000/000636583.pdf

の専門家会議の委員は、『爆発的な感染が起きてから宣言を出しても遅い』という認識をもっている」ことを紹介した。同時に、「現状は、宣言を出しても良い状況にあるのではないか」という個人的認識を明らかにした。日本医師会の横倉義武《よこくらよしたけ》会長も「今後、いつ緊急事態宣言が発令されてもおかしくない状況」という見通しを示した。[78]

　緊急事態宣言に関する議論が高まる中、3月28日に政府対策本部は「新型コロナウイルス感染症対策の基本的対処方針」（4月7日に緊急事態宣言の発出とともに改正）を公開。安倍総理がまたしても、土曜日夜に国民に向けた会見を行った。

　注目された緊急事態は宣言されなか

った。東京五輪の延期やこれまでの対策への理解を求めるとともに、まずは感染拡大防止に注力し、「感染の拡大が抑制され、社会的な不安が払拭《ふっしょく》された段階では、一気に日本経済をV字回復させ」「短期集中で大胆な需要喚起策を講じる」と、補正予算を通じた追加の経済対策に言及した。[79]

リーマン・ショック後の経済対策が財政支出15兆円、事業規模56兆円だったことを引き合いに出しながら、まずは2020年度当初予算での26兆円の対策実施を表明。さらに追加の補正予算編成の可能性に言及した。その後、事前に商品券配布などの議論も出されたことで、錯綜《さくそう》した感もあった給付措置にも触れた。世帯に加えて中小企業も対象に、過去に類を見ない対策とすることを明らかにした。

しかし、それらの具体的な対象と規模の策定は先送りされ、補正予算編成の日程にも影響を与えるなどさらなる混乱を生むことになった。

世間の認識とは異なり、概ね事前に公衆衛生的観点に基づいて作成された「政府行動計画」と、専門家の知見を踏まえた初動対応を行ってきた政権だが、3月後半以後、支持率低下や世論の動向、ネットの「民意」などに敏感に呼応する姿勢を見せ始める。

3月中には、政府・与党関係者らは緊急事態宣言が不要であることを重ねて言及したが、のちの転換によって「政府の対応遅れ」をますます強く印象づけることになった。都道府県知事のなかからは政府に先行して緊急事態宣言の要求がなされていたから、なおさらそのような印象は強化された。

3月31日には、東京都の小池知事が都内の新型コロナの感染拡大状況を安倍総理に面会して説明し、「国家としての判断が今、求められている」として緊急事態宣言の発出を申し入れたことが報じられた[80]。

いつの間にか、新型インフルエンザ等特措法の改正時とは一転して、知事や社会が緊急事態宣言を求め、政府が慎重になるという逆転した構図ができあがっていた。2019年度は不安の渦中で幕をおろしたが、国内の例外的新型コロナ対策はむしろここから本格化していくことになった。

第2章

パンデミックに覆われた世界

緊急事態宣言。総動員的自粛へ（20年4月1日〜）

4月に入って、感染の中心は欧州やアメリカに移動し、4月半ばには全世界での死亡者も10万人を突破する。[1] とくにイタリアや米ニューヨーク市など、もっとも緊張感が高まった都市の状況と報道は、否《いや》が応でも日本の近い将来を重ねて想起させるものであった。

1日当たりの感染者数が東京都で100人を超え（4月4日）、いよいよ国内でも感染者数や死亡者数が急増し始めた。3月末から相次ぐ医師会や都道府県知事、加えてメディアなどからの緊急事態宣言を求める声は、メディアとSNSでますます増幅されていった。それらは、政府に対する「対応遅れ」という認識をいっそう強固なものにした。事業者は順次、テレワークや時差出勤への切り替えを実施し、「総動員的自粛」は全国に拡大していった。

こうした声に押されて、初めて新型インフルエンザ等特別措置法（新型インフルエンザ等特措法）に基づく「新型インフルエンザ等緊急事態宣言」が発出される。従前には「私権の制限」などを理由に懸念されたものだが、短期間のうちにいつの間にか、社会は緊急事態宣言を自ら欲するようになってしまっていた。

他国の都市封鎖や直前の感染症法施行令改正なども、不安と疑心暗鬼を掻《か》き立てた。

本来、支援の目玉となるはずだった世帯や中小企業向けの給付も始まった。給付措置は国家賠償における「補償」と、社会通念上の補償概念の乖離《かいり》から、従来は立法措置なしには実施が難しいとされてきた施策である。とくに事業者向けの給付は、類を見ないものだった。特措法の逐条解説には、施設利用等の制限の要請に関する公的補償は、権利制約の内容が限定的であることから規定されていないことも記されている（新型インフルエンザ等対策研究会 2013）。

ところが給付の方法をめぐって、政府と与野党、とくに自民党と連立を組む公明党からも強い批判の声が生じ、対象の見直しが行われた。結果、2020年度補正予算編成が1週間ほど後ろ倒しになった。その他にも、マスク配布とその後の混乱、大臣経験者夫妻ら政府と近い与党議員らの政治とカネをめぐる問題など政治スキャンダルも相次ぎ、報道各社の調査による内閣支持率も下落傾向に入った。

それに反発するかのように、効果と必要性の具体的根拠が不明な施策が増え始めていく。それは支援対象の細分化を意味し、とくに災害支援で培われてきた有事の支援セオリーを否定するものでもあった。（国内評価と異なり）当初WHOから高い評価を受けた日本の対策は、方向性の不透明さがしだいに増していき、混乱の様相を呈するようになった。

メディア対応に長《た》けた一部の首長は、独自の施策や発言を繰り返し、自らテレビ番組に出演したり記者会見を頻繁《ひんぱん》に行ったりと、露出を増やしていった。それらはときに過激で、政府に注文をつけることもあった。だが、そういった振る舞いもまた新型インフルエンザ感染拡大の際の経験から、新型インフルエンザ等特措法に書き込まれた首長の姿だったかもしれない。

彼らの背後に特段メディアに取り上げられない首長が首都圏にも多数いるはずで、両者の存在感の格差も鮮明になっていった。メディア露出に長けた知事らの発言は人の耳目《じもく》を引くがゆえに、不安を刺激する側面もあった。

マスメディアとSNSの共犯関係を背景に、「過剰対策」批判と経済重視、過剰自粛についての言説も目立ち始めた。いわゆる「自粛警察」である。その槍玉《やりだま》に挙がったのは、総動員的自粛を忌《き》避《ひ》し、法的には妥当でも日常的な用語系に反する「自粛の要請」に従わない飲食店やパチンコなどの遊興施設であり、観光地や海岸における「密集」といったわかりやすい対象だった。

感染に対する不安は、それ自体がますます独り歩きしていき、社会の自由を奪い、個々の人や事業者のもつ選択の幅を制限し、いくつもの出来事が重なる中で大きなうねりになっていった。

一変した新年度の風景

年度も切り替わり、2020年度が始まった。例年であれば、新しい職場、新しい学校、学年での生活に胸を膨らませたニューカマーたちがあふれるが、2020年は町や公共交通機関の人はまばらで、活気がなかった。新入社員研修や卒業式、入学式は全国で軒並み中止かオンライン化され、新しい生活に入りたくても入れない人が続出した。新鮮な雰囲気はなく、終わりが見えない新型コロナウイルス感染症（新型コロナ）とそれに伴う重苦しい不安が社会を覆っていた。

経済活動は停滞し、世界では雇用が危機に瀕《ひん》し始めた。4月3日にWHOと国際通貨基金（IMF：International Monetary Fund）は「命か、経済か」という巷《ちまた》にあふれるトレードオフは偽のジレンマで、各国で命を守る行動が結果的に経済を救うことに繋《つな》がると共同会見で表明した。しかし、雇用危機は世界中で多くの生活者の暮らしを根底から揺さぶった。[2]

自衛隊も3月末から、自主派遣による災害派遣で水際対策や輸送支援に従事し、4月に入ってからは東京都から自衛隊への災害派遣要請も行われた。[3] しかし、これらはいくつかの課題を抱えていた。前者は「新型コロナウイルス感染症に対する水際対策の強化が、特に緊急を要し、都道府県知事等の要請を待ついとまがないと認められる」に該当しうるのかどうか、後者はそもそも「約10名」の派遣が実質を伴うのかという疑問が残った。自衛隊のプレゼンスを誇示することを重視した対応だったのではないかという懸念でもある。

他国では、新型コロナと戦争を重ねて表現することで、ナショナリズムを刺激し、外出規制などの強力な措置の正統性を得る向きもあった。危機に求心力を得ようとするのは、政治の本質でもある。

4月1日、新型コロナウイルス感染症対策専門家会議（専門家会議）は新しい状況分析と提言を公開した。[4] 都市部での感染者増加、1を超える実効再生産数、帰国者増加による海外からの移入事例の多発、医療供給体制の逼迫《ひっぱく》など、深刻な状況と見通しを明らかにしたのである。この提言中では、専門家会議は先行した厚生労働省とLINEの協定締結等を踏まえて、ICT（情報通信技術）を活用したパーソナルデータの収集、活用に関して提案した。[5]

国内でもっとも使われているSNSのLINEを活用した調査によって、感染状況等についての知見を得ることを意図したものと思われる。3月終わりから本書執筆時点で筆者のアカウントには、4回のアンケートが送られてきた（図10）。

しかしICTの感染症対策への活用は、改めて危機における個人情報の収集、活用の在り方に関して、法律上はともかく、メディアと社会から未《いま》だ十分に理解が得られていない現状の課題を浮き彫りにするものでもあった。個人情報保護法の例外事項がありつつも、本格的な接触追跡アプリの開発は遅れ、厚労省の新型コロナウイルス接触確認アプリ（COCOA）の試行版のリリースは緊急事態宣言の解除後の6月末まで待たなければならなかったし、その後もトラブルが相次いだ。

4月1日、新型コロナウイルス感染症対策本部（政府対策本部）も開催された。その席で、安倍総理は翌週の緊急経済対策に世界的なマスク需要の逼迫に対応するべく、洗剤で洗って再使用できる布マスクを買い上げ、全国5000万世帯に2枚ずつ配布することを表明した[6]。

しかしマスクの品切れ、転売が国内で顕在化したのはすでに数カ月前のことで、いつまで経っても解決しないことに国民は苛立《いらだ》っていた。また世帯に2枚配布することの是非や、その後の事業者選定の不透明さ、品質上の問題が指摘され回収騒ぎが生じ、完全実施は遅れに遅れた。

このマスクはいつの間にか皮肉を込めて、「アベノマスク」と呼ばれるようになった。

図10 | LINEを活用した厚生労働省による全国調査のインターフェース

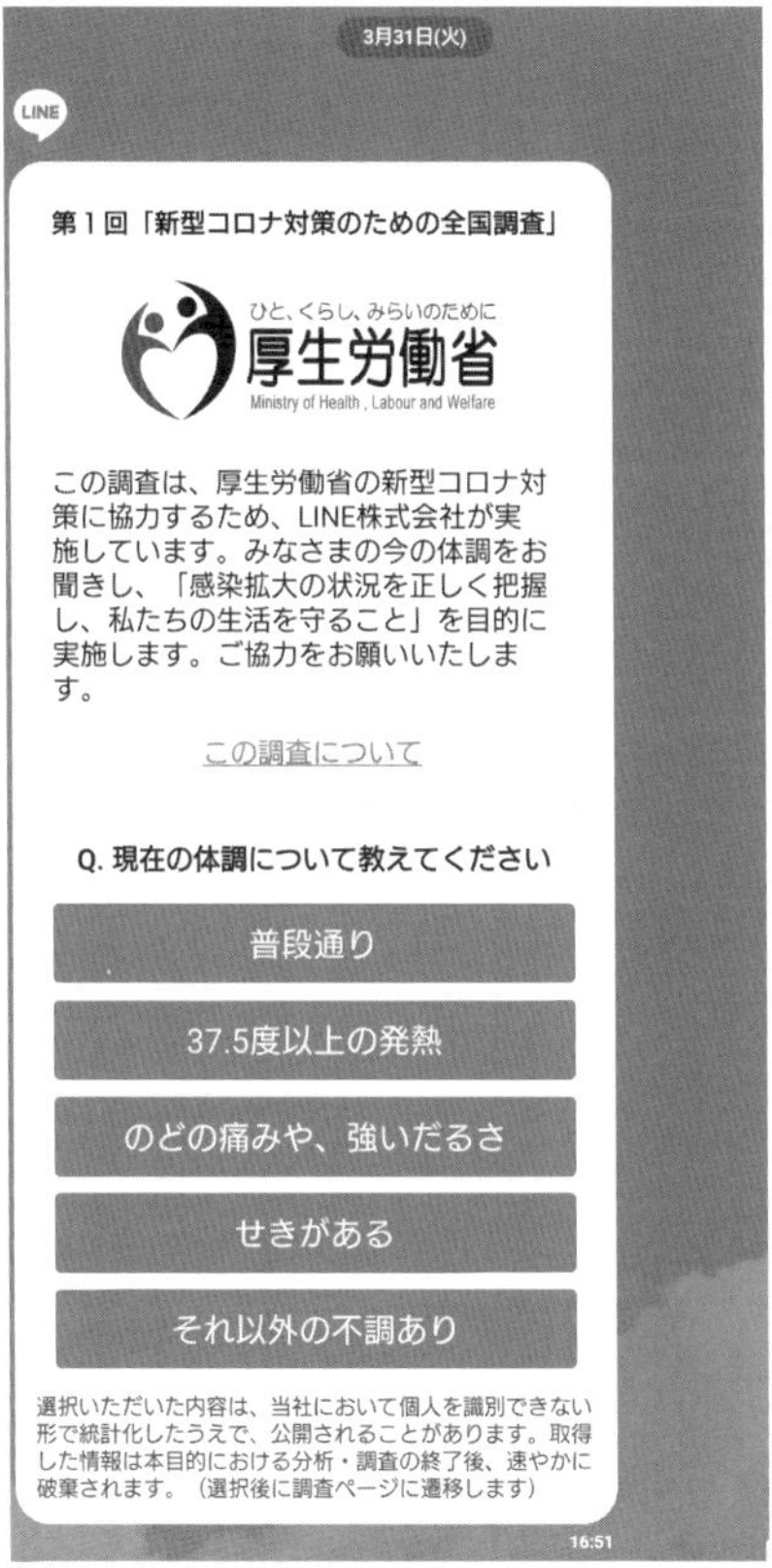

厚生労働省の第１回「新型コロナ対策のための全国調査」＝筆者撮影

4月7日、緊急事態宣言が粛々と発出

4月に入っても引き続き、総理や政府は「緊急事態宣言を出す状況ではない」と公言し続けていた。しかし状況が変化していくなかで、世論では緊急事態宣言が不可避であるという認識が広く共有されるようになっていった。

混乱を避ける狙いと思われるが、事前にメディアによって、緊急事態宣言が7日付けで東京都、神奈川県、埼玉県、千葉県、大阪府、兵庫県、福岡県を対象に、緊急経済対策とともに発出される見通しであると報じられ始めた。4月6日の記者会見で、安倍総理は翌7日に緊急事態宣言を発出する見込みを表明した。[7]

4月7日、午前中に第2回の基本的対処方針等諮問委員会、夕方には政府対策本部が開催された。続いて総理が会見し、緊急事態宣言は実にあっけなく、そして事前報道どおりの内容で粛々と発せられた。[8]

規制緩和が適用される臨時医療施設の確保等を除くと、外出自粛、店舗や事業所の営業自粛要請は先取りするかたちで行われていたため、目立った混乱は生じず、国民もまた淡々と緊急事態宣言を受け止めた。しかし、前例のない大規模な「非日常」に対する不安は強まった。

宣言当初の期間は、4月7日から5月6日の約1カ月間としていた。並行して、「新型コロナウイルス感染症緊急経済対策」が閣議決定され、「新型コロナウイルス感染症対策の基本的対処方針」も緊急事態宣言にあわせた内容に改められた。

とはいえ、それらはWHOが当初から掲げてきた「人から人への感染抑制」「感染経路の特定と隔離」「感染源の動物の特定」「医療崩壊回避とワクチン、迅速《じんそく》な診断法、治療薬等の開発」「偽情報対応含むリスク・コミュニケーション」「協働を通した社会経済へのインパクト最小化」という六つの戦略目標と、ほぼ重なる内容を引き続き踏襲したにすぎない。[9]

緊急経済対策は財政支出が29・2兆円、事業規模108兆円で、リーマン・ショック後の対策を2倍近く上回り、日本のGDPの約2割の規模のものになった。政府の支援は人々の声に応えて、いつの間にか世界屈指の水準に膨れ上がった。「耳を傾けすぎる政府」はワイドショーやネットで耳目を集めそうな支援、とくに給付措置のアイディアをなりふり構わず片っ端から盛り込んでいった。

緊急経済対策の目玉は、世帯と事業者に対する6兆円規模の現金給付だった。中堅・中小企業は上限200万円、個人事業主は上限100万円の範囲内で事業者に給付するという「持続化給付金」は、中小企業支援としては前例のないものだった（都道府県によっては「休業協力金」等の独自の上乗せも行われた）。

世帯への給付（「生活支援臨時給付金」、のちに「特別定額給付金」）の当初構想は、住民税非課税世帯と収入急減世帯への30万円給付だった。給付措置に関して、3月の終わりごろから、「自粛と補償はセット」という言説がメディアやSNSで目立つようになり始め、「#自粛と補償はセットだろ」のようにハッシュタグを使ったオンラインデモ、ハッシュタグデモに結実した。[10]

検索量の変化を可視化するグーグルトレンドによれば、2020年1月から5月の「補償」の検索量は、4月7日がピークであった（図11）。

新型インフルエンザ等特措法は構想の時点において、都道府県知事の要請や指示で医療にあたる医療関係者を念頭に、災害救助法を前例とした議論を行っていた[11][12]。だが事業者に対する自粛要請への補償は、当時ほとんど念頭に置かれていなかったことがわかる。

生存権の観点で給付措置を伴う生活保護制度や、ワンストップで生活困窮者を支援する生活困窮者自立支援制度があるが、いずれも法律を根拠に、給付に対しては慎重に設計されている。加えて、これまでは公平性と自由経済尊重の観点と効果への疑問から、企業向けの給付措置は行われず、有利な貸付支援が中心だった。

災害対策に準じるのであれば、災害支援では、住宅倒壊状況を基準とする1998年の被災者生活再建支援法に基づく制度を除くと、原則として貸与を中心とするのが基本になるためと思われる[13]。同法もまた慎重で、国が直接国民に給付措置を行うのではなく、相互扶助の観点から、都道府県が拠出した基金を活用する仕組みになっている。

当初は、従来の国家賠償の原則に自粛と要請がそぐわないことに理解を示していた新聞社説等の論調も、世間やSNSの風向きと歩調をあわせるように、徐々に休業補償を当然であるとして主張するようになった。

野党も同様だ。東日本大震災では給付措置はとらず、被害額を推計しながら、財政規律に配慮し、期限を区切って返済する復興債を通じた復興策を行ったが、例えば国民民主党の玉木雄一郎代

図11｜グーグルトレンドによる2020年1月〜5月の「補償」の検索量の推移

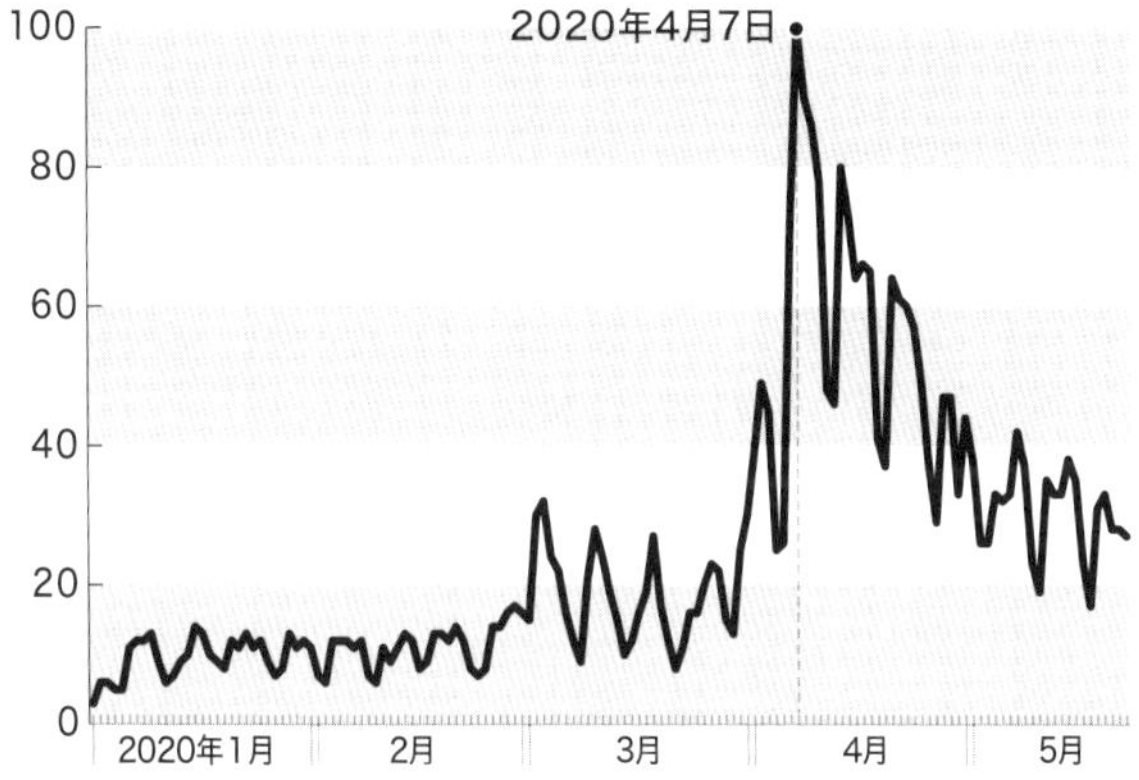

（筆者作成）

表はのちに「真水100兆円」のように真逆の支援方針を主張するなど、野党も支援の「規模の小ささ」批判を繰り広げるようになった。

緊急事態宣言直前の4月3日には公明党、野党統一会派、日本維新の会が足並みを揃《そろ》えて、国民1人当たり10万円を給付すべきであると主張していることが報じられた[14]。都道府県知事、有識者などからも「自粛と補償はセット。それは当然のことだ」という声が上がるようになった。全国知事会も「国においては、まずもって緊急事態宣言の対象地域を皮切りに、中止・休止に伴う営業損失について補償する」ことを求める要望を出した[15]。

本来、業種や業態しだいで影響は大きく異なるだけに、公金を投入して私企業の売上減少を補うべきかどうかの判断には、慎重さや新規立法を求める議論も必要なはずだが、議論が深まることはなかった（大阪府の吉村知事などは補償についての法改正の必要性に言及した）。

直近の3月には、与野党合意で迅速に新型インフルエンザ等特措法を改正したはずだが、与野党の議論が新規立法に向かうことはなかったのである。[16]

給付の議論が大きく動いたのは、連立を組む公明党が見直しに同調したことだった。公明党は支持母体である創価学会が批判に回ったことから、自民党の二階俊博幹事長とともに政権に対して撤回と対象拡大を強く迫った。

東京都は事業者向けの休業要請に動くと同時に、休業協力に対して独自の上乗せ支援を公表した（4月10日）。「東京都感染拡大防止協力金」制度である。4月16日から5月6日までの期間、施設の使用停止や営業時間の短縮等の協力をした事業者向けに50万円、複数事業所経営なら100万円を支給する内容だった（緊急事態宣言の延長後、5月7～25日の期間で第2回を実施）[17]。

東京都という大手企業の本社が多く立地し、1000万人を上回る巨大自治体ならではの大盤振る舞いであった。しかし他の自治体からは、同規模の措置を工面することが難しく、国に苦言を呈する首長も相次いだが、臨時の地方交付税で対応することが認められた。

毎日新聞社の調べでは、4月20日の時点で、47都道府県中、23都道府県が休業要請を行い、うち18都道府県が給付措置を実施したという。[18]

4月12日に、安倍総理は個人のツイッターアカウントに、ミュージシャンの星野源が在宅を応援するため「#うちで踊ろう」というハッシュタグで無料公開した楽曲と「コラボ」した、自宅でくつろぐ動画をアップした（図12）。

図12｜安倍総理「#うちで踊ろう」との「コラボ」動画

安倍晋三
@AbeShinzo

友達と会えない。飲み会もできない。
ただ、皆さんのこうした行動によって、多くの命が確実に救われています。そして、今この瞬間も、過酷を極める現場で奮闘して下さっている、医療従事者の皆さんの負担の軽減につながります。お一人お一人のご協力に、心より感謝申し上げます。

1,908.8万回再生済み　0:16 / 0:55

午前9:11 · 2020年4月12日 · Twitter for iPhone

14.6万 リツイート　40万 いいねの数

安倍晋三 @AbeShinzo · 4月12日
返信先: @AbeShinzoさん
かつての日常が失われた中でも、私たちは、SNSや電話を通じて、人と人とのつながりを感じることができます。
いつかまた、きっと、みんなが集まって笑顔で語り合える時がやってくる。その明日を生み出すために、今日はうちで・・・。どうか皆様のご協力をお願いします。

#うちで踊ろう #星野源 さん

8,719　1.5万　8.2万

安倍晋三ツイッターアカウントより引用。
https://twitter.com/AbeShinzo/status/1249127951154712576

星野源本人にも連絡していなかったことが明らかになり、またその豪華な自宅内装やくつろぐ姿が「不謹慎だ」として、本書執筆時点では、10万を超えるリツイートがなされ、40・3万件を超える「いいね」が集まった。ツイッター上のみならず、マスメディアにも取り上げられて強い不評を買うことになった。

「ニュー・ノーマル」「新しい生活様式」の模索

4月中旬から後半にかけて、中国やアメリカ、欧州の一部の国で、急速な新生活への転換や日常回帰を目指す国のなかには、都市封鎖を解除し、経済活動を段階的に再開する動きが見られ始めた。[19]

この頃から新型コロナの感染リスクを低減しながら、社会や経済活動を再開させるために、生活様式を変化させる「ニュー・ノーマル（New Normal）」という言葉が流通するようになる。[20]日本における「新しい生活様式」は、「ニュー・ノーマル」を踏襲したものだった。明確な定義は判然とせず、過去の経済危機後などにも用いられてきたようだが、WHOのテドロス事務局長は「より健康で、安全で、十分な構えができた世界」にならなければならない、という意味でこの言葉を用いた。[21]WHOは、各国の経済、社会活動の早期再開傾向に対して一定の理解を示しつつも、慎重な計画と医療能力の拡大が伴わなければ、深刻で管理できない第2波が訪れると厳しく警鐘を鳴らしてきたからでもある。

4月14日には、いっそう社会、経済に重点を置いた戦略的対応の改訂版「COVID-19 STRATEGY

UPDATE」を公開した。[22] 改めて新型コロナ対応と社会、経済活動の両立の難しさが露呈した。

世界レベルの出来事でいえば、WHOは4月23日（イスラム暦の第9月に当たる）から始まるイスラム教のラマダンに配慮し、科学的な安全性との両立に関心を寄せ、「状況報告」でもたびたび取り上げた。[23]

この時期、WHOは深刻な米中対立のなかで、トランプ米大統領らが発した新型コロナが中国で人工的に作られたという説を明確に否定し、自然に由来するものであることを強調した。[24] 科学的トレーニングは、完全否定／完全肯定のメッセージを発することを慎重にさせる。このことからすると、「全ての入手可能な証拠によると（All available evidence）」というWHOの表現は、相当踏み込んだ内容であることを窺《うかが》わせた。

先鋭化する米中対立は、コロナ禍においても新旧覇権国家の間のことだけに、日本も含めて世界に強い不安感をもたらした。とくにアメリカは中国批判を、WHO批判にも拡大させ、資金拠出を切り札にWHOと国際世論に対する揺さぶりも忘れなかった。そのたびごとに、不安感はますます拡大していった。

同時期の日本国内は、感染が拡大しつつある道府県知事から政府に対して、緊急事態宣言の対象地域に含めてほしいという要望や独自の緊急事態宣言を模索する動きが強くなった。政府は地域を限った緊急事態宣言の発出から1週間で、大きな方向転換を迫られることになった。

4月16日夜、政府対策本部が開かれ、基本的対処方針の変更を決定した。[25] 緊急事態宣言の対象は、先行する7都府県から全国47都道府県に拡大されることになった。

先行7都府県に北海道、茨城県、石川県、岐阜県、愛知県、京都府の6道府県を加えた13都道府県を、重点的に感染拡大の防止に向けて取り組む「特定警戒都道府県」に指定した。その理由として、累積感染者数100人超、直近1週間の倍化時間が10日未満、直近1週間の症例のうちほぼ半数が感染経路不明という現状が挙げられた。

さらに特定警戒都道府県を中心に出勤者の4割減、接触機会の最低7割、極力8割程度の減少が必要であることが述べられた（この数字の根拠や具体的な変数、さらには達成可否の条件をめぐって、議論を引き起こすことになった）。

4月17日、安倍総理は会見を開催。これらの内容とともに、生活者向けの給付措置の見直しを表明した。[26]「全国全ての国民の皆様を対象に、一律に1人当たり10万円の給付」という大掛かりなものので、すでに閣議決定した補正予算の組み替えが必要になった。また必要な予算も、当初の6兆円から14兆円に膨らんだ。その結果、補正予算の再度の閣議決定と国会再提出が必要となった（4月20日閣議決定）。

4月後半に入っても、感染者数は若干減少したが、当初期待したようなものではなかった。

4月22日、専門家会議は「新型コロナウイルス感染症対策の状況分析・提言」（2020年4月22日）を公開。[27]「接触機会の8割減少」には至っていないと推定され、いっそうの行動変容が必要であるとの見解が示された。すでにSNS企業やプラットフォーム事業者、通信事業者が提供する匿

図13｜東京駅と全国主要駅における人の流れの変化（2020年5月27日）

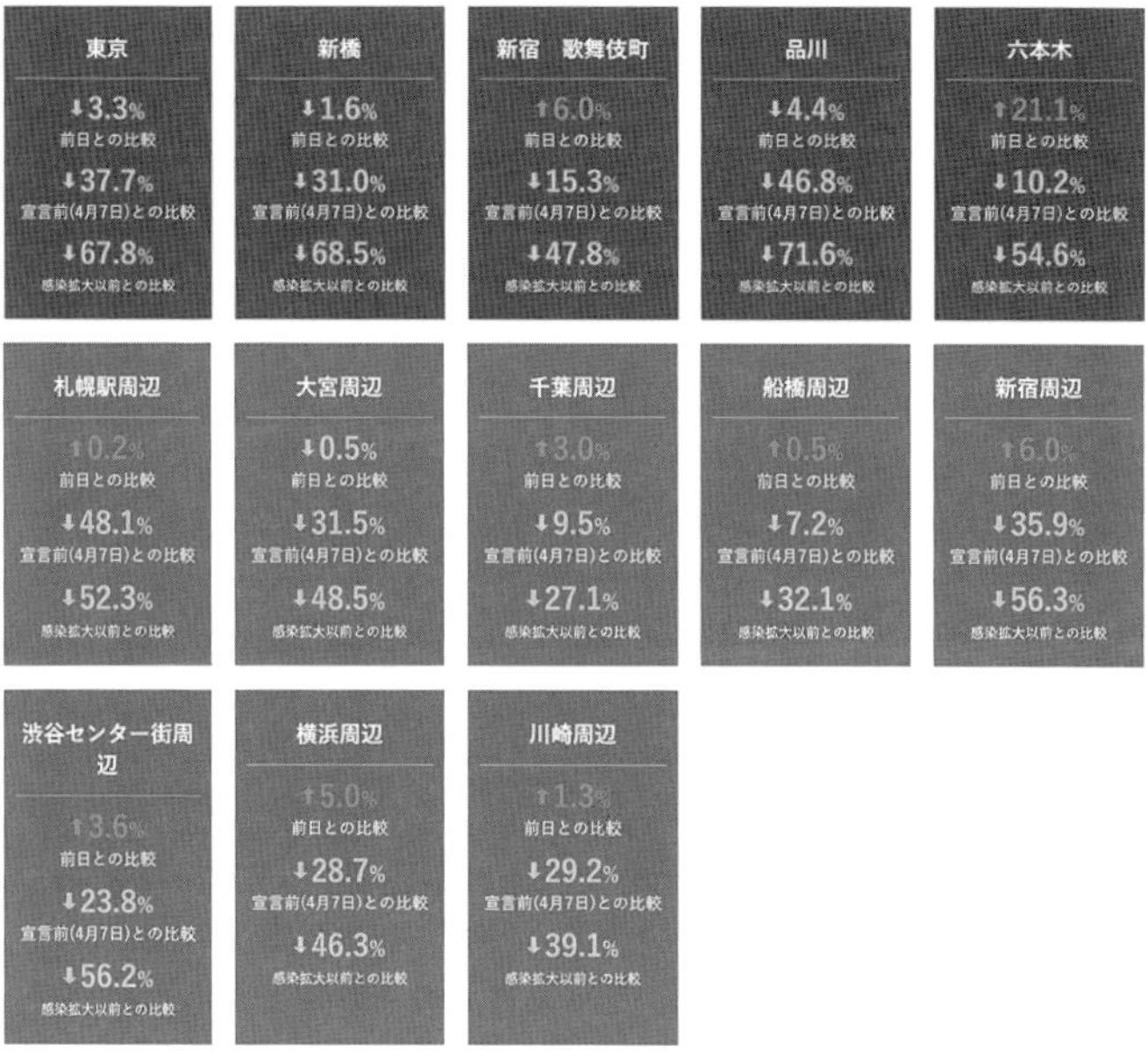
東京
↓3.3%
前日との比較
↓37.7%
宣言前(4月7日)との比較
↓67.8%
感染拡大以前との比較
新橋
↓1.6%
前日との比較
↓31.0%
宣言前(4月7日)との比較
↓68.5%
感染拡大以前との比較
新宿　歌舞伎町
↑6.0%
前日との比較
↓15.3%
宣言前(4月7日)との比較
↓47.8%
感染拡大以前との比較
品川
↓4.4%
前日との比較
↓46.8%
宣言前(4月7日)との比較
↓71.6%
感染拡大以前との比較
六本木
↑21.1%
前日との比較
↓10.2%
宣言前(4月7日)との比較
↓54.6%
感染拡大以前との比較
札幌駅周辺
↑0.2%
前日との比較
↓48.1%
宣言前(4月7日)との比較
↓52.3%
感染拡大以前との比較
大宮周辺
↓0.5%
前日との比較
↓31.5%
宣言前(4月7日)との比較
↓48.5%
感染拡大以前との比較
千葉周辺
↑3.0%
前日との比較
↓9.5%
宣言前(4月7日)との比較
↓27.1%
感染拡大以前との比較
船橋周辺
↑0.5%
前日との比較
↓7.2%
宣言前(4月7日)との比較
↓32.1%
感染拡大以前との比較
新宿周辺
↑6.0%
前日との比較
↓35.9%
宣言前(4月7日)との比較
↓56.3%
感染拡大以前との比較
渋谷センター街周辺
↑3.6%
前日との比較
↓23.8%
宣言前(4月7日)との比較
↓56.2%
感染拡大以前との比較
横浜周辺
↑5.0%
前日との比較
↓28.7%
宣言前(4月7日)との比較
↓46.3%
感染拡大以前との比較
川崎周辺
↑1.3%
前日との比較
↓29.2%
宣言前(4月7日)との比較
↓39.1%
感染拡大以前との比較

内閣官房「新型コロナウイルス感染症対策」より引用。https://corona.go.jp/

名加工情報等による特定箇所の人流分析等の活用は実現していたが、ICTをいっそう感染拡大防止に活用することが再度、問題提起された（図13）。

　またゴールデン・ウィーク期間中の帰省自粛、外出自粛、テレワーク推奨も呼びかけられ、前述の「接触機会8割減」を実現するためのポイントも公開された（図14）。

　行動変容の要請は、WHOの「ニュー・ノーマル」とも重なる日本版「新しい生活様式」に合流していった。恒例だったはずのゴールデン・ウィーク期間中の新幹線や飛行機の増便も取りやめとなり、観光地は休業要請で閑古鳥が鳴い

図14｜人との接触を8割減らす、10のポイント

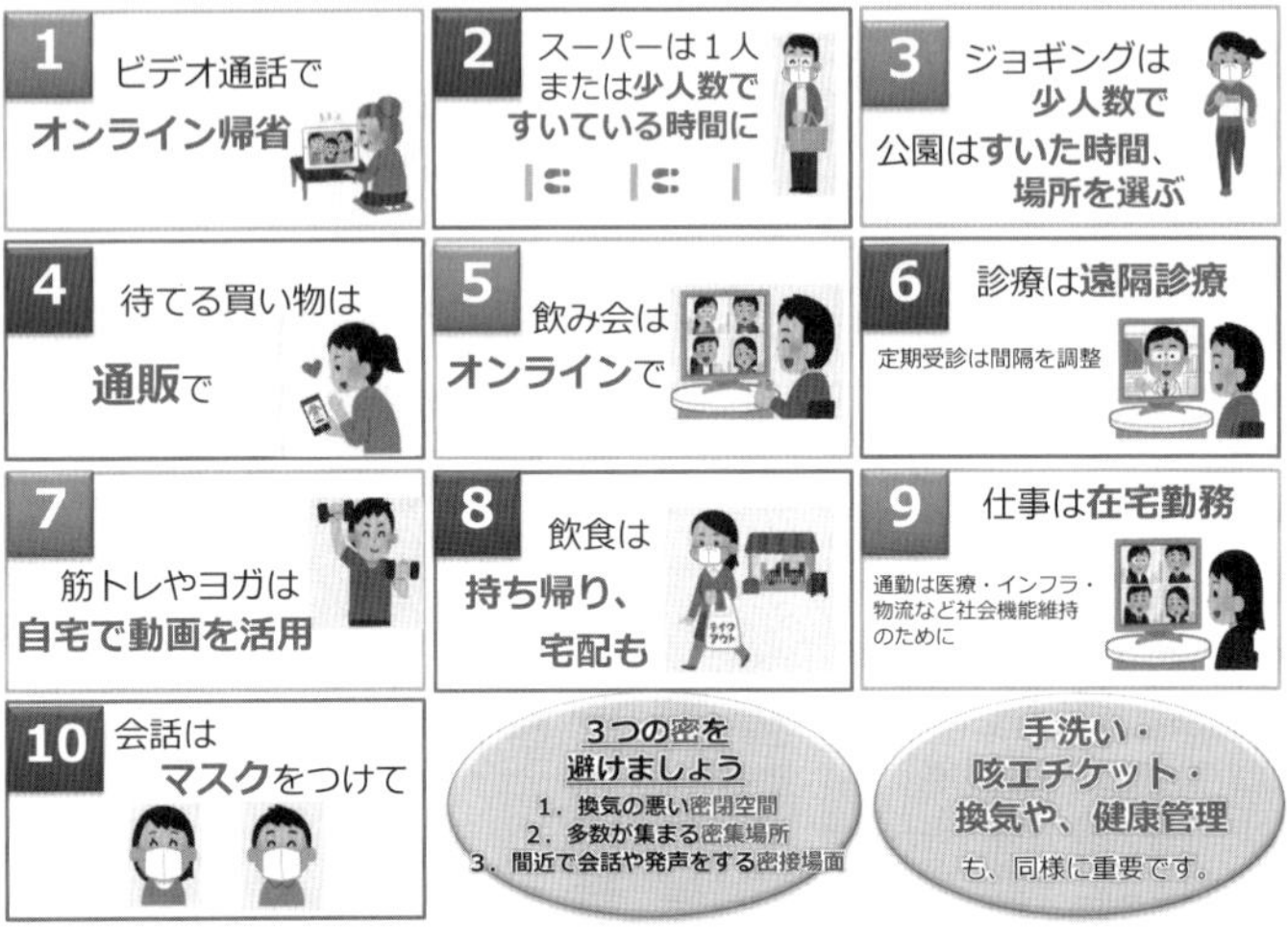

新型コロナウイルス感染症対策専門家会議「人との接触を８割減らす、10のポイント」より引用。
https://www.mhlw.go.jp/content/10900000/000624038.pdf

た。春の陽気なバケーション・シーズンは、小池都知事の言葉を借りれば在宅を基本にした「STAY HOME週間」に変貌した。[28]

東京都からは「買い物は3日に1回」程度という要請も出された。誰もが出口の見えないストレスと不安に苛《さいな》まれることになった。苛立ちは不安定な振る舞いをみせ、その矛先は政府や専門家、同調しない他者に向けられた。感染者宅への落書きや県外ナンバー車に対する嫌がらせ、公園で遊ぶ子どもを通報など、相互監視や不信に基づく不穏当な空気が社会を覆い始めた。

遅れていた2020年度の第1次補正予算成立は、4月30日のことだった。その規模は約26兆円で過去最大規模になった。また補正予算の財源は国債で、いわゆる赤字国債にあたる。

補論

国によって異なる出口戦略の志向性

新型コロナウイルス感染症は、発生当初は「アジアの危機」だった。

しかし繋《つな》がった世界において、感染症の世界への拡大はあっという間の出来事だった。感染は瞬く間に日本や欧州に飛び火し、アメリカやロシア、新興国なども例外とはならなかった。

中国は共産党一党支配という政治・経済的特徴をフルに活用し、厳格な都市封鎖や接触情報の管理などの強制性を伴う強力な手法を採用することができた。そしてのちに中国は世界に先行して、いち早く国内での新型コロナの感染拡大にいったんの終止符を打った。

その様相は、店舗営業の再開や移動と旅行の一定程度の容認等を含めて、表面的には急速に沈静化と日常生活回帰への途を歩んでいるようだ。中国の選択は新型コロナを経て、まったく新しい生活スタイルやシステムを選ぶのではなく、以前の生活を取り戻そうという「平時回帰モデル」に見える。ただし、もちろん中国は広い。黒竜江省などの北部の一部地域などでは、本稿を執筆している5月上旬時点でもまだ感染が収束には至っていないようだ[29]。

それに対して、一部の国を除くと欧州、アメリカ、その他の多くの国々、そして日本においても、なかなかその道筋が見えずにいる。

日本社会は緊急事態宣言発出後の「自粛と要請」によって、感染拡大に一定程度の歯止めをかけられたようにも思われたが、5月4日に宣言の期間は約1カ月、5月末まで延長されることになった（その後、前倒しで解除）。並行して出口戦略を意識した専門家会議はウイルスの感染を防ぐ行動を念頭に置いた「新しい生活様式」を提案し、普及を呼びかけている。

感染拡大防止は非常に多くの国にとって共通の利益といえるが、感染のステージはすでに確認したように国によってかなり違いがある。また各国における再流行、再々流行等が生じる可能性は大いに残されている。

人やモノ、サプライチェーンといった物理的な移動とネットワークが実質的に停止しているあいだも、インターネット、SNSという情報流通網は過剰なまでに接続し、真偽不明なものも含めて大量の情報がやり取りされている。当然ながら、近隣のみならず他国の状況が容易に流れ込んでくる。

ともすれば「隣の芝生は青く見える」状態を生み出し、問題をいっそうややこしいものにしている。それらはSNSからマスメディアに流れ、それがまたオンラインに還流する両者の共犯関係の過程で都合よく切り貼りされ、自国政府の対応に関する不満と過小評価、海外各国の対応への羨望《せんぼう》と過大評価を生み出した。

大半の国は再流行の懸念や、流通や自国企業の国際取引等を踏まえると、自国の利益のために国内だけではなく世界的な新型コロナの流行全体を、方法が強権的であるかどうかはともかくとして、鎮圧する必要があることで概ね合致できた。

それに比べれば、世論と社会の出口戦略と、その戦略を模索する渦中における反応は、いっそうの複雑さを抱えることになったし、不安を引き起こすことになった。

各国の新型コロナ対策を大別すると、次のように整理することができる。

一つの尺度（縦軸）は新型コロナと向き合うにあたって、各国で従来行っていた生活や行動とは異なる「新しい生活」を志向する／求めるかどうかであり、もう一つの尺度（横軸）は出口戦略にかける時間であり性急か否か（慎重か）というものだ（図15）。

このような視点を導入すると、大括《おおぐく》りだが各国の新型コロナ戦略がいくつかの異なった方向を向いていることが明らかになってくる。それらを仮に「急速転換モデル」、「急回帰モデル」、「穏健回帰・修正モデル」と名付けてみよう。

新型コロナに直面して、好むと好まざるとにかかわらず多くの国が自粛や行動変容を迫られた。何らかの政策を採用することになったがそのなかで、集団免疫獲得という新たなステージと生活に急速に向かおうとした国々があった。それが「急速転換モデル」である。スウェーデンやイギリスの初期対応がそれにあたる。

それに対して、中国は感染拡大の始まりとなった国で、また政治体制から強力な措置を採用することができた。強力な措置によって、いち早く店舗営業再開、国内移動、旅行の再開などを選択した。

アメリカは解雇規制が乏しいことから、国内での感染拡大直後から大規模なリストラが行われた。週当たり数百万人単位の失業者が失業保険の申請を行い、5月初旬の段階で過去6週間の申請件数が3000万件に上るという報道がなされた。[30] この数字は失業率にして22％程度で、1930年代の世界大恐慌以来の水準だという。

新型コロナの感染拡大と全国的な緊急事態宣言が発出された日本は、2020年1月から5月までの完全失業率が2・2％、2・4％、2・4％、2・5％、2・6％と推移した。非正規雇用者の雇い止めも問題視されているが、アメリカとは大きく異なった状況といえる。

世界各国は感染状況や段階どころか人口も基本的な社会保障システムも異なったものでありながら、それらの基本的事実は忘れられ、メディアのなかではフラットに提示されがちだ。世界は見通しが良くなりすぎた。

本稿執筆時点では感染収束には程遠い状態のアメリカだが、大量の失業者と世論は一刻も早い経済活動の本格再開を要求し、連邦政府や地方政府もその声に応えようとしているように見える。元の国情も異なるが、こうした方向性を「急回帰モデル」と呼ぶことにしよう。

別のアプローチもある。「穏健回帰・修正モデル」だ。感染拡大に一定の歯止めがかかった欧州は、比較的安全な対象から順次、慎重に、そして国によってはテロ対策などの安全保障上の理由で禁止していたマスクの外出時着用を義務付けるといった少々の行動変容を求めなが

図15｜新型コロナウイルス感染症対応の各国志向性

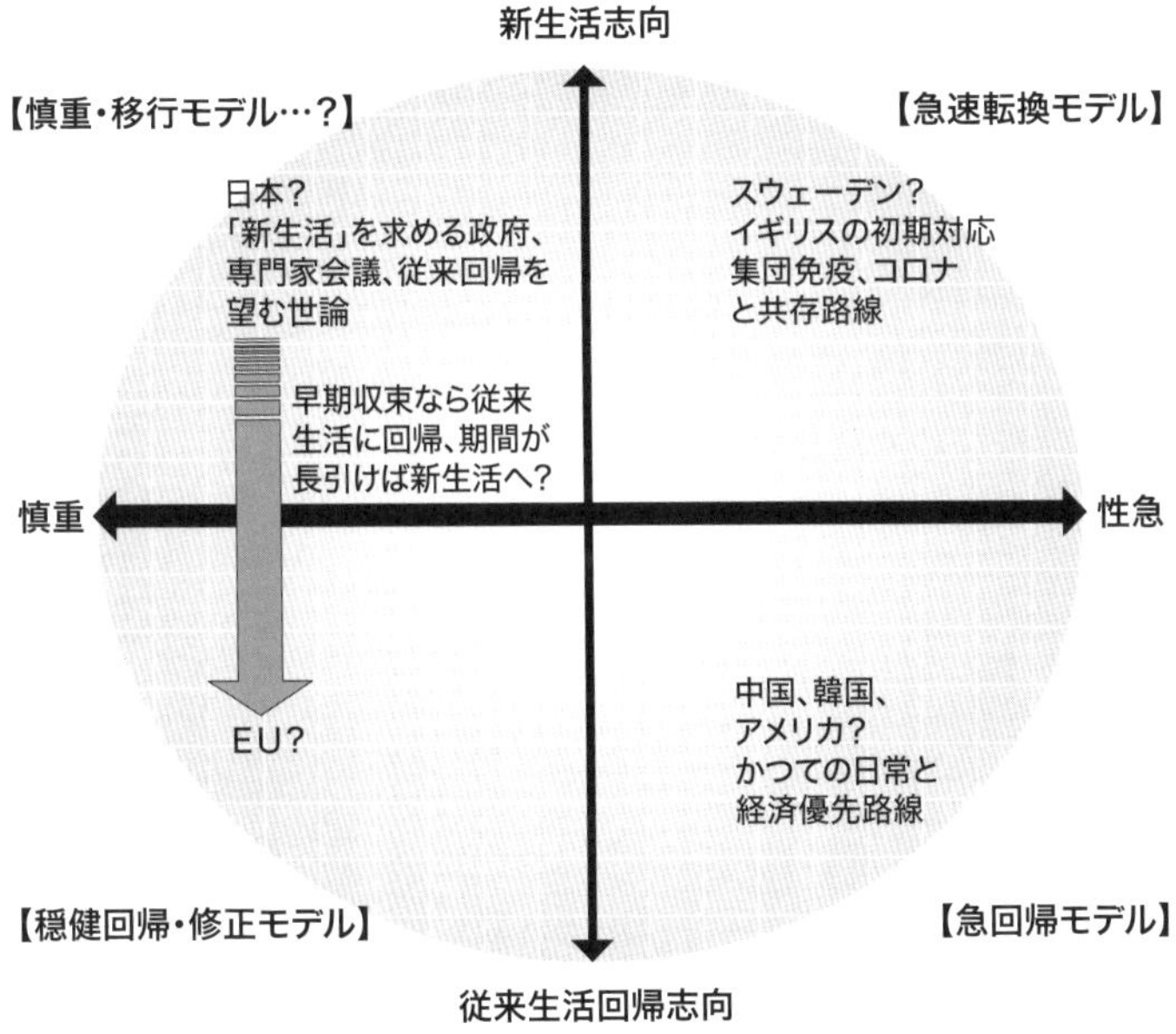
新生活志向
【慎重・移行モデル…？】
【急速転換モデル】
日本？
「新生活」を求める政府、
専門家会議、従来回帰を
望む世論
スウェーデン？
イギリスの初期対応
集団免疫、コロナ
と共存路線
早期収束なら従来
生活に回帰、期間が
長引けば新生活へ？
慎重
性急
中国、韓国、
アメリカ？
かつての日常と
経済優先路線
EU？
【穏健回帰・修正モデル】
【急回帰モデル】
従来生活回帰志向

（筆者作成）

ら、日常生活を模索している。

世界に比べ、慎重に進む日本の転換戦略

それでは日本はどこに向かっているのだろうか。2020年5月4日に全国的な緊急事態宣言を月末まで延長することに関する総理会見が行われ、専門家会議から「新しい生活様式」の提案がなされた[31]。

弁護士を除くと医学、医療の専門家によって構成された専門家会議は、新型コロナとの闘いは長期にわたるという見通しのもと感染防止に主眼を置いた生活様式や行動様式についての注意事項や変更の提案を行った。

具体的には通販や電子決済利用の推奨、徒歩・自転車通勤や屋外空間での食事、大皿料理の回避、控えめの会話、料理への集中、お酌や回し飲みの抑制、オンラインでの名刺交換にテレワークの推奨など、一つひとつは感染防止を念頭に置きながらも、生活や職場、商習慣に変化を迫る内容を多く含んでいた。

その一方で、これらの新しい生活志向はすでに1カ月に及んでいた緊急事態宣言を、さらに1カ月程度延長しながら並行して実施に移そうという内容であるから、他国の対応と比べれば相当に慎重な転換戦略といえそうだ。

日本は死亡者数、人口あたり感染者数ともに市民活動、経済活動を再開した国と比べても相

当低い水準にあるわけだが、「慎重・移行モデル」を旗印とするのかどうかは判然としない状況だ。世論からも強い反発の声が出ているし、例外的に認められている多様な特例がどれほど定着するかは定かではなく、また容易なものでもないだろう。

忠実に実施しようとすれば大きな転換を余儀なくされる業態や文化、従来型の生活習慣が多数あるだけに当然の反応で、また他国の方向性とも異なったものになったが、明確で体系立った方針は示されないままだ。もちろん正解は国の数だけ存在し、「正解」を選択することができたか否かという答え合わせができるのは、ずいぶん先のはずだ。

その答え合わせができるまでは、隣国をはじめ他国とのあいだに見える対応格差は真実のものかもしれないし、同時にまた「幻の対応格差」かもしれない。もし比較対象の国が別の所与の条件から異なった方向性の対応を模索しているのであれば、両者の比較は簡単なことではなく、実在しない対応格差を見てしまうかもしれないからだ。こうした曖昧《あいまい》さは不安の源泉になった。

前述の日米における労働市場と労働法制の違いと、新型コロナを経たのちの日米の失業率の差異を踏まえると、必然的に失業対策や雇用確保に対する支援が異なった質量のものになってくることは明らかだ。

世界が同時に共通の危機に瀕《ひん》し、共通の利害関係をもちながら、異なった方角を向いた出口戦略を目指し、異なった手法を模索したことで、後述する各国市民それぞれの「予見可能性」

の低下や揺らぎを招くことになった。予見可能性とは一言でいえば、何らかのかたちで安定性が担保された社会の先行きについての見通しのことである。

予見可能性は妥当性とも異なるし、計算可能性とも同義ではない。認識の問題ゆえ、しばしば間違える。他の変数の影響を無視すれば、情報量が多いと予見可能性は低下し、情報量が少ないと予見可能性は向上する。情報量が多くても、適切なガイドやナビゲーションがあれば予見可能性は維持される可能性があり、それらがなければ予見可能性は低下する。一般に予見可能性の低下は多様性の増加と相関し、予見可能性の改善は多様性の減少と相関する。

新型コロナ対策において、日本は全体の政策の方向性で独自の路線を歩み、また感染拡大の防止としても他国と異なりクラスター対策を中心にする道を選んだ。ゆえに、社会の予見可能性の低下は当然のことだった。本来であれば、情報量に対して然《しか》るべき対応が取られるべきだった。WHOは早くから真偽を問わない情報過剰性の問題を重視し、対策を実施した。日本の場合、厚労省がSNSで反論するなど情報過剰性に対するいくつかの試行的な取り組みはなされたが、社会の予見可能性低下を念頭に置いた一貫した丁寧な対策は取られなかった。

以上のように各国対応の方向性について差異の存在を確認し、目指す方向性が異なるがゆえに当然、対処の具体的戦略と戦術も異なっていくはずだったこともまた確認したところで、再び世界的な新型コロナの拡大の経緯に目を向けてみたい。

宣言の解除と新しい生活（20年5月1日〜）

執筆のスケジュール上、2020年5月の経緯については簡略的なものにならざるをえない。

4月末に全世界の累積の確定症例数は300万を超過した。WHO緊急委員会の3回目の会合はPHEIC（国際的に懸念される公衆衛生上の緊急事態）の延長を決定した[32]。日本では「自粛疲れ」が顕著になり、緊急事態宣言の早期解除へと社会的関心が移っていった。WHOも「COVID－19の文脈における学校関連の公衆衛生対策に関する考慮すべき事項」等の文書を公開した[33]。

自粛が長引くにつれて、WHOとIMFが否定したはずの「命（≒自粛）か、経済か」という疑似ジレンマ表現も国内メディアの随所で見られるようになった。新聞、テレビの制作現場は制作体制と演者対応こそ緊急時仕様となっていたが、番組内容にWHOの提言を取り入れるような動きはほとんどみられなかった。

社会と経済の疲労がピークに達するとともに、内閣支持率の低下がいっそう深刻化した。調査によっては、内閣不支持率が支持率を上回るようになり、政権に強いプレッシャーをかけた。

政治に対する不満は、思わぬ方向からも噴出した。国家公務員法改正をめぐってのオンラインデモである。都道府県知事からも解除の要望が相次ぐなか「耳を傾けすぎる政府」はもはや、なりふりを構っていられなくなった。感染症対策のみならず政策決定過程において、政治状況は混乱要素になっていった。

当初の緊急事態宣言の期限だった5月6日が見えてきたことで、「出口戦略」がより強く意識されるようになった。すでに繰り返し、「元の生活に急には戻れない」ことが言われていた。5月1日、専門家会議は新しい提言を公開した。[34]「感染の状況が厳しい地域」と「新規感染者数が限定的となった地域」を分け、前者を中心に「徹底した行動変容」と「新しい生活様式」を実施する方針を明らかにした（図16）。

感染者数の拡大には一定の歯止めがかかったものの、安倍総理は期限を待たず、緊急事態宣言は5月末日まで延長することを会見で表明。[35]同時に、10日後の5月14日を目処に再評価を行うこと、「ニュー・ノーマル」に倣《なら》った「新しい生活様式」の実践例等を公開した（図17）。

前倒し解除で再開する日常

5月14日、専門家会議は、緊急事態宣言の解除に向けた提言を公開した。[36]これを受けて39県の緊急事態宣言は解除される。

従来同様、感染状況、実効再生産数の推移、医療提供体制を中心に評価を実施した。5月12日時点で国内の累積感染者数が1万5705人である一方で、直近1週間における1日当たりの新規感染者数の平均が87人にまで減少。さらに全国の実効再生産数の推定値が0・6まで低下したこと、

図16｜専門家会議による「今後の見通し」と「今後の方針」

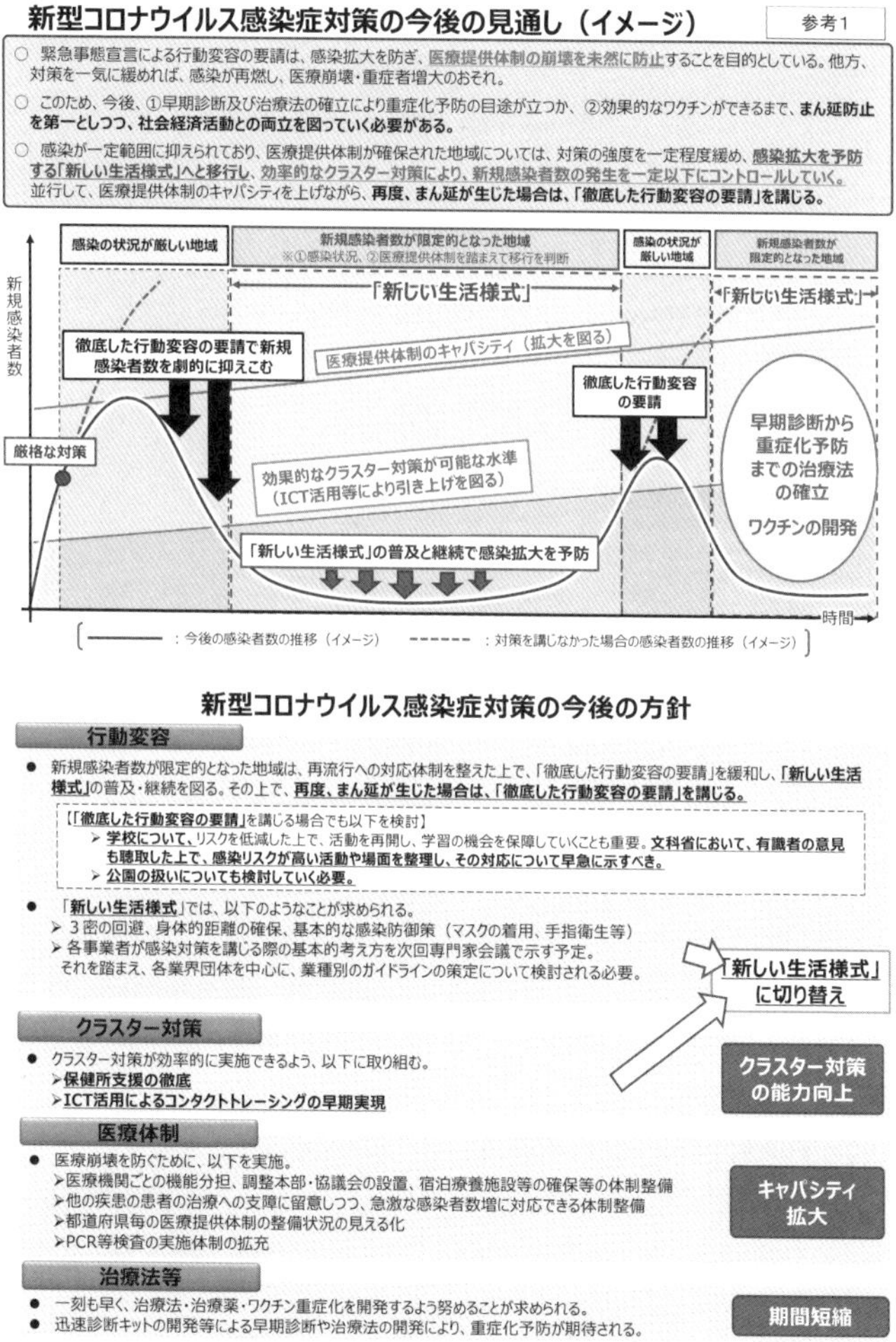
新型コロナウイルス感染症対策の今後の見通し（イメージ）
参考1
○ 緊急事態宣言による行動変容の要請は、感染拡大を防ぎ、医療提供体制の崩壊を未然に防止することを目的としている。他方、対策を一気に緩めれば、感染が再燃し、医療崩壊・重症者増大のおそれ。
○ このため、今後、①早期診断及び治療法の確立により重症化予防の目途が立つか、②効果的なワクチンができるまで、まん延防止を第一としつつ、社会経済活動との両立を図っていく必要がある。
○ 感染が一定範囲に抑えられており、医療提供体制が確保された地域については、対策の強度を一定程度緩め、感染拡大を予防する「新しい生活様式」へと移行し、効率的なクラスター対策により、新規感染者数の発生を一定以下にコントロールしていく。並行して、医療提供体制のキャパシティを上げながら、再度、まん延が生じた場合は、「徹底した行動変容の要請」を講じる。
感染の状況が厳しい地域
新規感染者数が限定的となった地域
※①感染状況、②医療提供体制を踏まえて移行を判断
感染の状況が厳しい地域
新規感染者数が限定的となった地域
新規感染者数
「新しい生活様式」
「新しい生活様式」
徹底した行動変容の要請で新規感染者数を劇的に抑えこむ
医療提供体制のキャパシティ（拡大を図る）
徹底した行動変容の要請
早期診断から重症化予防までの治療法の確立
ワクチンの開発
厳格な対策
効果的なクラスター対策が可能な水準（ICT活用等により引き上げを図る）
「新しい生活様式」の普及と継続で感染拡大を予防
時間
：今後の感染者数の推移（イメージ）
：対策を講じなかった場合の感染者数の推移（イメージ）
新型コロナウイルス感染症対策の今後の方針
行動変容
● 新規感染者数が限定的となった地域は、再流行への対応体制を整えた上で、「徹底した行動変容の要請」を緩和し、「新しい生活様式」の普及・継続を図る。その上で、再度、まん延が生じた場合は、「徹底した行動変容の要請」を講じる。
【「徹底した行動変容の要請」を講じる場合でも以下を検討】
➢ 学校について、リスクを低減した上で、活動を再開し、学習の機会を保障していくことも重要。文科省において、有識者の意見も聴取した上で、感染リスクが高い活動や場面を整理し、その対応について早急に示すべき。
➢ 公園の扱いについても検討していく必要。
● 「新しい生活様式」では、以下のようなことが求められる。
➢ 3密の回避、身体的距離の確保、基本的な感染防御策（マスクの着用、手指衛生等）
➢ 各事業者が感染対策を講じる際の基本的考え方を次回専門家会議で示す予定。それを踏まえ、各業界団体を中心に、業種別のガイドラインの策定について検討される必要。
「新しい生活様式」に切り替え
クラスター対策
● クラスター対策が効率的に実施できるよう、以下に取り組む。
➢保健所支援の徹底
➢ICT活用によるコンタクトトレーシングの早期実現
クラスター対策の能力向上
医療体制
● 医療崩壊を防ぐために、以下を実施。
➢医療機関ごとの機能分担、調整本部・協議会の設置、宿泊療養施設等の確保等の体制整備
➢他の疾患の患者の治療への支障に留意しつつ、急激な感染者数増に対応できる体制整備
➢都道府県毎の医療提供体制の整備状況の見える化
➢PCR等検査の実施体制の拡充
キャパシティ拡大
治療法等
● 一刻も早く、治療法・治療薬・ワクチン重症化を開発するよう努めることが求められる。
● 迅速診断キットの開発等による早期診断や治療法の開発により、重症化予防が期待される。
期間短縮

新型コロナウイルス感染症対策専門家会議「新型コロナウイルス感染症対策の状況分析・提言」（2020年5月1日）より引用。
https://www.kantei.go.jp/jp/singi/novel_coronavirus/senmonkakaigi/sidai_r020501_1.pdf

図17｜リストになった「新しい生活様式」

「新しい生活様式」の実践例

（1）一人ひとりの基本的感染対策

感染防止の３つの基本：①身体的距離の確保、②マスクの着用、③手洗い

□人との間隔は、できるだけ２m（最低１m）空ける。
□遊びにいくなら屋内より屋外を選ぶ。
□会話をする際は、可能な限り真正面を避ける。
□外出時、屋内にいるときや会話をするときは、症状がなくてもマスクを着用
□家に帰ったらまず手や顔を洗う。できるだけすぐに着替える、シャワーを浴びる。
□手洗いは30秒程度かけて水と石けんで丁寧に洗う（手指消毒薬の使用も可）

※　高齢者や持病のあるような重症化リスクの高い人と会う際には、体調管理をより厳重にする。

移動に関する感染対策

□感染が流行している地域からの移動、感染が流行している地域への移動は控える。
□帰省や旅行はひかえめに。出張はやむを得ない場合に。
□発症したときのため、誰とどこで会ったかをメモにする。
□地域の感染状況に注意する。

（2）日常生活を営む上での基本的生活様式

□まめに手洗い・手指消毒　□咳エチケットの徹底　□こまめに換気
□身体的距離の確保　□「３密」の回避（密集、密接、密閉）
□ 毎朝で体温測定、健康チェック。発熱又は風邪の症状がある場合はムリせず自宅で療養

外出控え
密集回避
密接回避
密閉回避
換気
咳エチケット
手洗い

（3）日常生活の各場面別の生活様式

買い物

□通販も利用
□１人または少人数ですいた時間に
□電子決済の利用
□計画をたてて素早く済ます
□サンプルなど展示品への接触は控えめに
□レジに並ぶときは、前後にスペース

娯楽、スポーツ等

□公園はすいた時間、場所を選ぶ
□筋トレやヨガは自宅で動画を活用
□ジョギングは少人数で
□すれ違うときは距離をとるマナー
□予約制を利用してゆったりと
□狭い部屋での長居は無用
□歌や応援は、十分な距離かオンライン

公共交通機関の利用

□会話は控えめに
□混んでいる時間帯は避けて
□徒歩や自転車利用も併用する

食事

□持ち帰りや出前、デリバリーも
□屋外空間で気持ちよく
□大皿は避けて、料理は個々に
□対面ではなく横並びで座ろう
□料理に集中、おしゃべりは控えめに
□お酌、グラスやお猪口の回し飲みは避けて

冠婚葬祭などの親族行事

□多人数での会食は避けて
□発熱や風邪の症状がある場合は参加しない

（4）働き方の新しいスタイル

□テレワークやローテーション勤務　□時差通勤でゆったりと　□オフィスはひろびろと
□会議はオンライン　□名刺交換はオンライン　□対面での打合せは換気とマスク

※　業種ごとの感染拡大予防ガイドラインは、関係団体が別途作成予定

新型コロナウイルス感染症対策専門家会議「新型コロナウイルス感染症対策の状況分析・提言（2020年5月4日）※2020年5月11日一部訂正」より引用。

https//www.kantei.go.jp/jp/singi/novel_coronavirus/senmonkakaigi/sidai_r020504_2.pdf

医療提供体制の確保が見込まれ、その半数近くで個別の病床割り当てを終えたことなどに言及した。

特筆すべきは、こうしたデータ分析を踏まえた提言の論調は「政府行動計画」のとおり、「我が国では、引き続き死亡者数を少なく留《とど》めておく観点から、諸外国よりも厳しいものとする必要がある」と記され、主に医学的な観点に基づき死亡者数と重症者数の低減を最重要視していた点にある。

このときの基準として、日本における「直近1週間の10万人当たり累積新規感染者の報告数：0・5人未満程度」という目安と、ドイツの「10万人当たりの新規感染者数が7日間累計で50人以下」、米ニューヨーク州の『新規入院患者数』が10万人当たり2人未満（3日間平均）」が併記された。対処の価値観が定量的に示されたことになる。日本の医療政策や従来の社会規範では人命最優先は相当程度、当然視されてきた方針であり、「政府行動計画」を踏襲した内容でもある。

しかし新型コロナの感染拡大が続き、「景気悪化、雇用悪化による経済的理由でも人が死ぬ」という言説が広く語られ、支持されるようになっていくなかでは新鮮だった。その言葉と意味は、もっと強調されてもよかったのかもしれない。

順次、前倒しで、緊急事態宣言の解除に向けた取り組みが進められていった。5月21日、基本的対処方針等諮問委員会の諮問を受け、政府対策本部は13の特定警戒区域に含まれた大阪、京都、兵庫の3府県について緊急事態宣言の解除を決定[37]。残るは、北海道、埼玉県、千葉県、東京都、神奈川県となった。

5月25日、政府対策本部は最後まで残っていた首都圏における緊急事態宣言の解除を決定し、それが本書執筆時点で最後の会合となった。[38]ただし、政府対策本部の解散には至っておらず、外出や営業の自粛要請も順を追って緩和していくのが原則とされている。5月25日に改訂された「新型コロナウイルス感染症対策の基本的対処方針」も、引き続き「新しい生活様式」の定着を確認している。

しかし緊急事態宣言の解除後も、北九州市や東京都内で新たな感染クラスターが明らかになった。テレワークと時差出勤で消えたはずの満員電車も戻ってきた。東京の夜の街も相当に賑《にぎ》わいを取り戻している。トレーニング機器の間隔を開けたり、検温したりと対策を取りながら、スポーツクラブやジムも営業を再開した。プロスポーツも開幕・再開し始めた。

世間は緊急事態宣言の解除ムード一色だ。しかしワクチンも、治療薬も開発途中にあり、事態も完全終息には程遠いままだ。世界では依然として感染拡大が続き、死亡者数は50万人を超えた。6月19日、WHOのテドロス事務局長はパンデミックの加速と世界が危険な新局面へと突入したと述べた。感染症対策政策の課題や、この間に浮き彫りになったはずの日本社会の諸問題も本質的には未解決のまま、表面上はさも何事もないかのように、早く忘れてしまおうとするかのごとく振る舞う奇妙な日常が続いている。

第3章

コロナ危機の分析

混迷するメディアと社会意識

前章までに、2019年の年末から20年5月末を中心に、日本を軸にして新型コロナウイルス感染症（新型コロナ）の感染拡大と対策の経緯を概観した。

冒頭で述べたように、本書の主たる関心は、感染症の感染拡大という客観的事実と並行して生じた「感染の不安／不安の感染」という現象（社会意識）、さらにそれを支える制度と社会、それぞれの構造（パターン）の分析と理解（分析的記述／記述的分析）にある。導入される視点（概念）は、左の図18のような循環的なモデルである。

新型コロナの感染拡大に対して多くの人々が不安を感じた（「感染の不安」）。不満感情も同様である。2020年5月のNHKの世論調査が、コロナ禍の社会における広範な生活不安を示唆している（図19）。この調査から、多くの人（対象の約8割）が相当の生活不安を抱えていたことがわかる。

本書の問題意識は、感染症危機と社会意識に向いている。情報の受け手の主観（認識）と、送り手が重視しがちな客観のズレを伴った感情と社会、政治を横断する領域だ。第1章で取り上げたバウマンの言葉を借りるなら「派生的不安」と関連する問題である。不安は独自のモメントをもったリスクを生み出すと同時に、これまで看過されがちだった有事における新たな対策を強く要請して

図18｜日本の感染症危機と社会意識

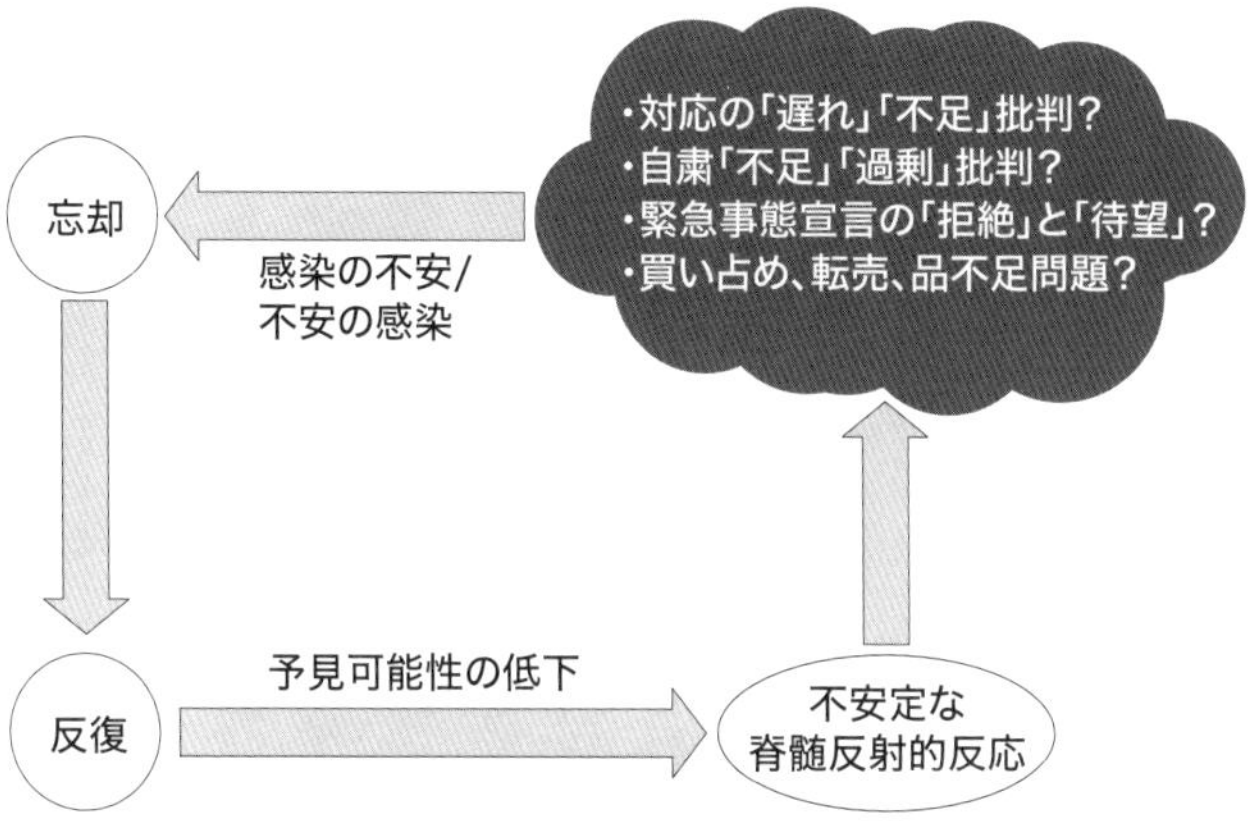
・対応の「遅れ」「不足」批判？
・自粛「不足」「過剰」批判？
・緊急事態宣言の「拒絶」と「待望」？
・買い占め、転売、品不足問題？
忘却
感染の不安/
不安の感染
反復
予見可能性の低下
不安定な
脊髄反射的反応

新しい問題

広がる「被害者意識」
マスメディアとSNSの共犯関係、インフォデミック
世界同時危機と（部分的に）「よく見えすぎる世界」

構造的問題

「耳を傾けすぎる政府」と「イメージ政治」
規範的なジャーナリズム／ 機能的なジャーナリズムの欠落
リスク／クライシス・コミュニケーションの失敗／不在

（筆者作成）

図19｜新型コロナウイルス感染症による生活不安の程度

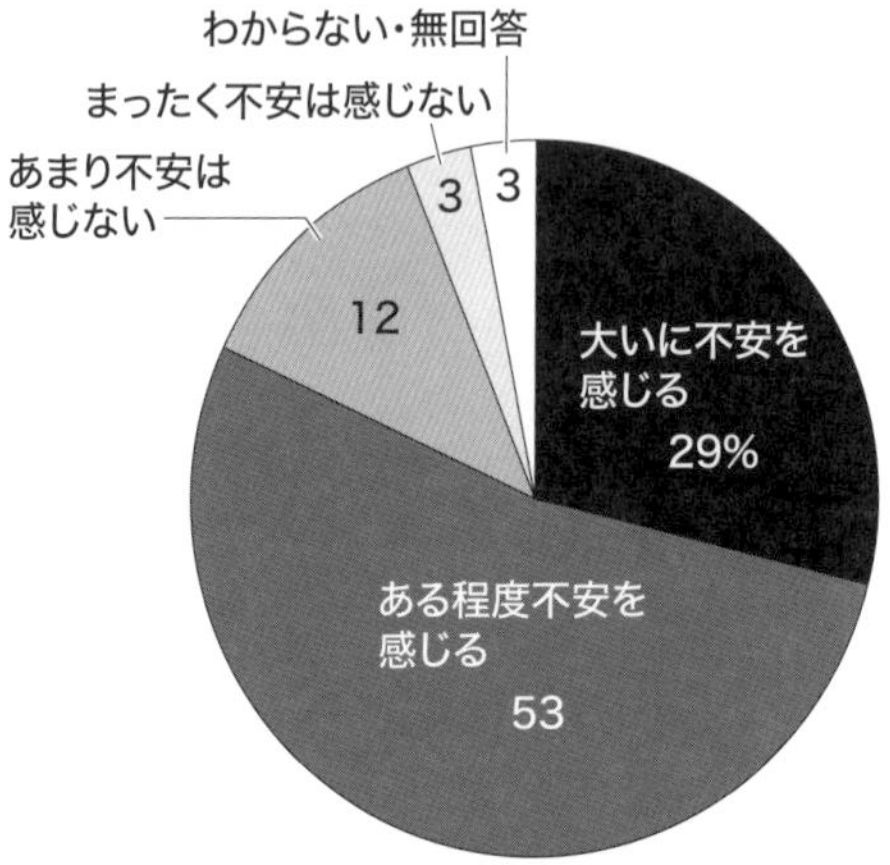
わからない・無回答
まったく不安は感じない
あまり不安は感じない
3
3
12
大いに不安を感じる
29%
ある程度不安を感じる
53

NHK選挙WEBより作成。https://www.nhk.or.jp/senkyo/shijiritsu/archive/2020_05.html

いるように思われる。

抱えた不安や不満は、多様なかたちで表明された。その筆頭にあがってくるのはSNSだ。多くの人が外出自粛や在宅勤務を余儀なくされたことで、SNSに触れる時間がいつもより長くなった。「いいね！」やリツイートの数、感想は書き手の承認欲求も満たしてくれる。ただし表明の大半は感情の表出であって、よく吟味されたものではない。

不安や不満は定義上、直感的かつ感情的に形成されるものである。それらは突発的で、予測するのも、維持するのも困難である。矛先は買い足し行動や、買い占めの行列、政治批判に向かった。「自粛不足」と「自粛過剰」という一見合理的でなかったり、矛盾したりするものも含め行為や行動で示されることもあった。

マスメディア、とくにワイドショーはその様子を、ときには／頻繁《ひんぱん》に、正しく／誤った情報を演出過剰ぎみに広く報じた。その情報は再びSNSで拡散されていった（「不安の感染」）。

不安を長く記憶していたいという人は多くはない。感染が一定程度落ち着くと、積極的に原状回復を求め、不安を忘れようとしているようだ。メディアの大半も肯定・否定問わず、ただその風潮に呼応しているに過ぎない。

その背後では、構造的な問題と新しい問題が併存して、相互に影響しながら錯綜《さくそう》している。新型コロナ対策だけではない。この間に蓄積した多くの政治的、社会的インシデントによる内閣支持率低下や、正統性はあれども必ずしも根拠の伴わない（したがって解消困難な）政治不信は新規の事態だが、政治や、演出過剰なワイドショーの問題は継続的な（パターン化された）問題でもある。それらが広く共有された被害者意識のもとで連関しながら一見、新しい現象を引き起こしている。

社会学者の高原基彰《たかはらもとあき》は、戦後日本社会の、一見すると多様な歴史的対立を「『自由』と『安定』のジレンマ」と呼び、その本質を社会の流動化と不安、細分化された被害者意識に見いだし、逃げ道としてのナショナリズムとの関係などを論じた（高原 2009, 2006）。

また第1章でも言及したように、社会学のみならず法学、公共政策学、科学技術社会論の諸分野において、現代のリスクの問題は強い関心をもって論じられてきた。例えば、リスクへの（科学的、技術的、政策的、社会的）対応がいっそうの（派生する）リスクを生み出し、連鎖させ、ときには不可逆的事態を招きうることを科学技術が高度に発達した現代社会の特質とする議論は、社会学において

「リスク社会」論として知られている（Beck 1994=1997ほか）。

法学や公共政策学では、様々なリスクに対して可能な限り対応すべきとする「予防原則」と、「予防原則」に対するヒューリスティックや認知の体系的誤謬《ごびゅう》に基づく批判がなされるなど、やはり多様な展開がなされている（Sunstein 2005=2017, 2007=2012）。

高原や古典的な社会学は、社会の流動性向上に伴う計算可能性（理性と論理による見通し）の低下を被害者意識の背後に見いだしてきた。コロナ禍についていえば全国的感染拡大と、影響や制限の全国的共有という未曾有《みぞう》の事態はまさに流動性の向上であり、それに伴って予見可能性の低下がみられるといえる。

そうであれば尚更のこと、コロナ禍に伴う不安や社会の様態と政治、そして政策の関係性の分析には一定の意味があるように思われる。事態が進むにつれて、コロナ対策の実情と世論の認識が大きく乖離《かいり》していったからだ。

具体的な対象は、政府の対応「遅れ」批判や支援「不足」批判である。政府の対応は非合理的に遅れ、支援の規模は話にならないほど小さかったのだろうか。メディアや与野党、世論はこれらに関して強い批判を行った。例えば、以下は共産党の志位和夫委員長と武見《たけみ》敬三《けいぞう》参議院議員の批判である。それぞれ次のように述べている。


政府が専門家会合を開いたのは2月16日。全くの遅れであり、政府の責任として厳しく問われな

ければいけない。（中略）敵は目に見えないウイルスなので、専門家でないと対応できない。その英知の結集が遅れた。まだ、本腰が入っていないと言わざるを得ない。[1]

専門家会議の初会合は2月16日で、遅すぎた。初期対応の段階から、常に危機管理の専門家の意見を随所に取り入れる仕組みを作っておくべきで、その点は真摯《しんし》に反省すべきだ。[2]

政策に対する世論の「遅れ」批判、「後手」批判は時間の経過とともに増加し、それなりに広範に認められる。[3] 例えばNHKの4月の世論調査で緊急事態宣言の発出のタイミングを問うた項目では、「遅すぎた」という回答が75％だった（図20）。

しかも内閣支持層、不支持層問わず「遅すぎた」という評価が多かった。

緊急事態宣言について、当初の報道では野党やメディアは「私権の制限が伴うので、緊急事態宣言には慎重であるべき」と評していた。こうした内閣不支持層でも「遅すぎた」評が88％を占めた。これは内閣支持層の64％を相当程度上回っている。

緊急事態宣言が発出された当月の調査だが、不支持層も含めて、いつの間にか緊急事態宣言の早期発出が好ましかったと感じていたのである。

すでに確認したように、3月の新型インフルエンザ等対策特別措置法（新型インフルエンザ等特措法）の改正前後には安倍総理や閣僚は慎重論を受けてか受けずか、「緊急事態宣言の発出は慎重であるべき」という発言を行っていた。政権（支持層）にも、不支持層にも一貫性が見いだしにくい有様だ。

随所に、とくに3月後半以後、頻繁に見られた場当たり的対応も災いしたのだろう。しかしこうした「遅れ」批判（の一部）は、コロナ禍の「初動の実態」ではなく、わかりやすい表層の「安心のシンボル」の提示に反応したものではなかったか。開催頻度やタイミングに疑問が残った総理記者会見などが顕著で、社会やメディアは初動における政治行政の過程をどれほど具体的に検討しただろうか。

最初の総理会見は遅かったのか

新型コロナ対策の概要と一部については、本書の前半で記してきた。会見の遅れと失敗は、それらの冷静な受け止めと評価を阻害した。

最初に総理が記者会見を開いたのは、全国での学校一斉休校に踏み切ったときだった。過去に類を見ない、国民に大きな影響を及ぼす措置を取った直後というのは、直接国民に語りかけるタイミングとしては確かに遅かった。内容や過程も決して褒められたものではなかった。例えば、朝日新聞社説は次のように評している。

> 記者会見にしろ、国会答弁にしろ、首相は準備された説明を繰り返す場面が多く、自らの言葉で

図20｜緊急事態宣言のタイミングの評価

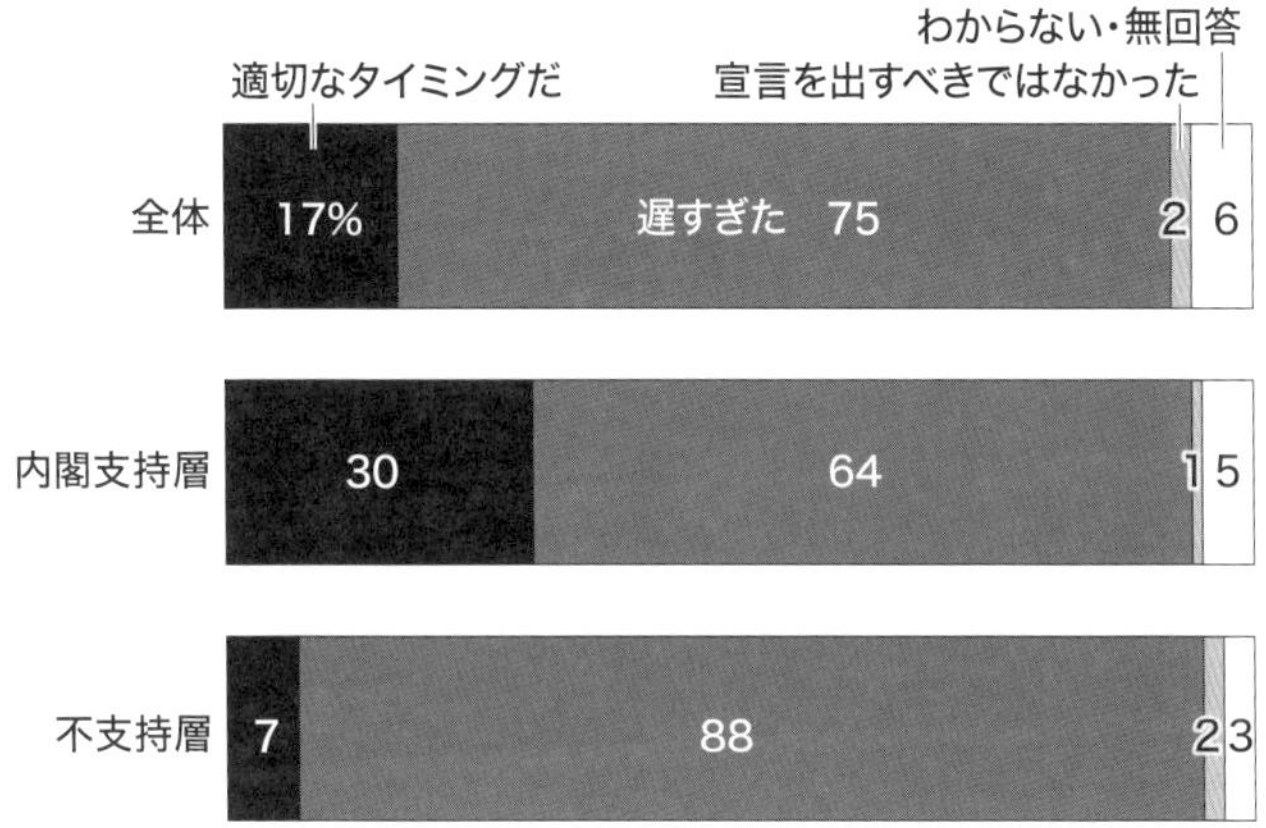
わからない・無回答
適切なタイミングだ
宣言を出すべきではなかった
全体
17%
遅すぎた　75
2
6
内閣支持層
30
64
1
5
不支持層
7
88
2
3

NHK選挙WEBより作成。https://www.nhk.or.jp/senkyo/shijiritsu/archive/2020_04.html

国民の不安に丁寧に向き合おうという姿勢はうかがえない。遅ればせながらの会見も、時間はわずか35分。その後に特段の公務が控えていたわけでもないのに、質問を打ち切って帰宅した[4]。

多くの国民は総理会見のような象徴的なメディアイベントや、ニュースのヘッドライン、ネットニュースのプッシュ通知を通じて、政治や政策を認識する。自由民主主義の社会においては、仮に誤認に基づいていたとしても（もちろん、そうでなかったとしても）、自由に政治批判、政権批判を行うことができるし、そうあるべきだ。それこそが自由民主主義の根源的価値だからである。

不安と不満に関して新型コロナと直接関係しない政治スキャンダルは、総理に会見を忌避《きひ》させる圧力としても働いた。国民に向けた初めての首相会見の遅れについて、例えば朝日新聞はその背景を以下のように報じている。

政府が（編集部注：2月）25日に決定した基本方針も首相ではなく加藤勝信厚生労働相が発表していた。首相周辺は「首相が会見をやったらやったでどうせ批判される」と語り、対策の困難さが批判となって首相に向かうことを懸念していた。[5]

こうした政治の振る舞いはノイズとして、時間が経つにつれて、随所で新型コロナ対策と政権、政策への国民の信頼にも否定的に影響した。あくまで社会と世論の評価に立脚してなされるという、自由民主主義社会の政治と政策の難しさを想起させた。

しかしいずれにせよ、開催の遅れは「会見」そのものの失敗とあわせて強く国民に印象付けられた。現実の新型コロナ対応が印象とは合致せず、むしろ現実が先行することも少なくないということはすっかり覆い隠されてしまった。失敗経験といっそうの国民の不満によって、ますます政治の会見に対する意欲が阻害されるという悪循環が生じた。

遅れ批判のなかでも多数見られたのが、経済対策の「遅れ」であった。日本で初期の経済対応が始まったのは、1月29日のことだった。経済産業省が商工会議所や全国商店街振興組合連合会、中小機構等の支援機関に経営相談窓口を設置した。[6] ダイヤモンド・プリンセス号事件以前で、国内の感染拡大にも先行している。

その後、2月13日に緊急対応策の中身が明らかになるが、153億円の予算額のうち「影響を受ける産業等への緊急対応」は6億円で、そのうちコールセンター設置に4・9億円、雇用調整助成金に1億円が割り振られた。確かにこれらの規模は他国と比較して一見小さかった（51～52ページも参照）。

しかし日本政策金融公庫の緊急貸付等拡大分の5000億円は参考として記述され、緊急対応策の金額としては計上されなかった。政策金融機関である日本政策金融公庫が、株式会社日本政策金融公庫法に基づく特殊法人だからだが、政府系金融機関として実質的には国の支援と見なすことができるはずだ。しかし、明らかにわかりにくかった。

そのことがのちの日本政府の新型コロナに関連した経済対策の「小規模」批判や、政府の大規模な補正予算、第2次補正予算編成にも影響したと考えられる。

2020年度の第1次補正予算が25・7兆円、第2次補正は31・9兆円、あわせて57・6兆円と日本の予算の50％を超える巨額になった。大半は赤字国債で賄われ、小規模だったはずが、一転、実際には世界屈指の規模の対策になった。

メディアによって増幅する不安

PCR検査能力の限界、重症者優先の病床確保、全国一斉休校や自粛の不足と過剰、マスコミの支離滅裂な報道など、メディアと世論はさも新しい出来事であるかのように新型コロナと派生する問題に対峙《たいじ》した。しかし規模に違いはあるが、これらは日本社会がいずれも10年前の新型インフルエンザの感染拡大で直面した課題だった。

近畿や沖縄が深刻ではあったが、東日本においても横浜や川崎で患者が出たし、マスコミが患者や関係機関に殺到する、いわゆる「メディア・スクラム」によって混乱が生じたことも指摘されている。[7] 患者が発生した学校には、新型コロナで陽性者が発生した大学に非難が殺到した際と同様に、非難の電話や中傷が生じた。[8]

東日本大震災の後にも、自粛ムードが広がり、企業活動や景気に甚大な被害と影響が生じた。混乱を伴わない、しかし買い足し等によるモノ不足も同様だ。

社会学者の遠藤薫《えんどうかおる》は、当時の様子を次のように記している。

明らかに常軌を逸していた七〇年代のトイレットペーパー騒動に比べて今回は、確かに、首都圏の街の店々からも驚くほど急速に品物が消えていったが、人びとが品物を奪い合うような光景は(少なくとも筆者の狭い経験の範囲では)見られなかった。

筆者の近隣地域では、震災後一週間くらいがモノ不足のピークであった。近所のスーパーへ行くと、ほとんど空っぽの商品棚の前で、客たちは途方に暮れた表情をしていた。初老の男性が、店員に、もう品物はないのか？　と聞いていた。店員も困った表情をして答えていた。「いや、確かに被災地の製品は入らなくなっているし、物流が滞っていますが、入荷はしています。だから、朝晩の入荷時間には、品物はあります。お客さんたちも、見てわかるように、そんなに大量に買い占めているわけではないんです。でも、やっぱり不安だから、いつもより少しだけ多めに買っていく。それだけの変化で、あっという間に商品棚が空っぽになってしまうんです」（遠藤 2011：311-2）

新型コロナにおけるモノ不足も、供給不足、流通の問題ではないと当初から言われていたし、マスクについては安倍総理も当初の総理会見でリスク・コミュニケーションのセオリーどおりに、増産、流通、入手に関して、枚数など具体的に言及を行った。しかし国際的な個人防護具不足と需要逼迫《ひっぱく》、他国による輸出制限などの影響もあって、結果的に国民の期待、そして政府に対する信頼は裏切られた。

「政府は信じられない」と感じる者が出たとしても全くおかしくない。予見可能性は低下し、対象を次々に広げながら頻発した買い足し、買い占め、転売と価格高騰、市中店頭の品不足が生じた。買い足し、買い占め行動だけではない。デマや自粛もそうだ。東日本大震災は日本における公的機関のSNS利用の端緒となり、一般的な利用が大きく進むきっかけにもなった。ポジティブな活用も見られたが、デマや虚実がないまぜとなった風評被害も多数生じたこと、さらにはその背景や教訓、一定の対処法はSNSについては限定的であるものの、その他の媒体を念頭に置いたものは多数報告、提示されている（遠藤編 2011，関谷 2011，小林 2011，田中・吉井編 2008，吉川・釘原・岡本・中川

2009)。

その一方で、危機に直面するたびに社会と政治、メディアはひたすら忘却と反復、そして脊髄《せきずい》反射的反応を繰り返してはいないだろうか。もちろん人間の本能とも関わる反応といえるため、ある程度は致し方ないが、メディアを中心に一定の規模と影響力を有し、公共性を掲げる機関については冷静な対応が求められる。

自粛を余儀なくされた湘南の海

「自粛の要請」といういささか語義矛盾的な状況下においてさえ、「不足」と「過剰」の高低差が大きく繰り返すうねりのように生じている。

それらの派生型として、営業を続けた夜の店やパチンコ店、海沿い地域での賑《にぎ》わいやサーファーたちに向けられた批判やいやがらせ、自動車の他県ナンバーのお断りなどを挙げることができる。県境での検温や県内在住者の自動車であることを示すステッカーの配布など、結果的に分断に加担した自治体もあった。

だが、ミスリーディングな報じ方は少なくなかった。例えば神奈川県の湘南地域に関していえば、3月の連休、ゴールデン・ウィークなどに来訪者が増えることに対する住民の危機意識があった。ただし報道が好んで取り上げたのは、海沿いの国道134号の渋滞とその原因(観光客)、海岸沿いで散策する人(地元住民)、海でサーフィンをする人(県内外愛好者)、寺社など混雑するいくつかのよく知られた観光地だった。

　実際にはこれらの報道は必ずしも住民の危機意識と重なるものではなかった。そもそも海は海岸も、（真夏の波がない日はいざしらず）海上も、定義上は密閉、密集、密接が同時に重なる「3密」にはなりにくい。

　だが視覚を通じた「実態」を提示するテレビの影響力は大きい。「夜の街」などとは異なり、感染クラスターが確認されたわけでもないにもかかわらず、無意識か、確信犯かはいざしらず、情報番組は「湘南」イメージと「混雑する海沿いの国道134号」「海岸の人」「サーファー」を重ねながら、繰り返し報じた。

　その後、湘南地域に属する各自治体の長は、共同で神奈川県の黒岩祐治《くろいわゆうじ》知事に海岸利用閉鎖の要望を提出した。[9] これを受けて、神奈川県は三浦市の東京湾側から相模湾の湯河原町にかけて、県が管理する海岸計約140キロ（いわゆる湘南地域全域）に看板を設置。海岸への立ち入り自粛を呼びかける、かなり大掛かりな措置を取った。

　海沿いの公営駐車場（公設民営を含む）は、軒並み閉鎖（緊急事態宣言の解除後、5月末まで継続）。それを受けて、地元サーフィン連盟なども声明を発し、プロサーファーらも必要性は明確ではなかったが、海に入らないなど自粛を余儀なくされた。

　千葉県などの海岸沿いの自治体の動きも迅速《じんそく》だった。サーフィンが東京五輪で初めて種目に入り、その競技会場に一宮町の釣ヶ崎海岸が決定しただけに、期待が大きかったからだ。一宮町が公営駐車場の閉鎖、海岸沿い道路の封鎖を実施し、周辺自治体もそれに倣《なら》った。

一見、「(地方)政治のリーダーシップ」だ。しかし5月1日、湘南の海ともっとも密接に関連する事業者らで構成された「湘南サーフマリンスポーツ業連合会」の理事長は「誰も海に入れない。ほとんどの店が売り上げゼロの状態で最大のピンチを迎えている」と声を上げ、ゴールデン・ウィーク明けから海岸立ち入りへの自粛解除を要望した。[10]

政治家らは「優れたリーダーシップの発揮」イメージを欲し、メディアもそのような画を常に求めている。神奈川県と各自治体首長の対応が果たして地元住民の要望に本当に合致するものであったか、メディアの報じ方は適切であったかは検証が必要だ。

ここまで提示してきたいくつかの例は、「自身が感染するのではないか」という感染に対する不安に由来するものであり、同時に「他者から感染させられるのではないか」という過度の被害者意識による不安がメディアによって増幅し連鎖した帰結でもあった。

こうした原因はもとを辿《たど》れば新型コロナの感染拡大にあり、政治は巧拙がありつつも感染拡大に対処しようとしたはずだ。だが、ウイルスは目に見えず、一方で現代の政治はやたらと目につくこともあって、「政治によって自粛させられている」という被害者意識と、さらには災害等の有事後に頻繁に見られる「英雄待望論」は共鳴しがちだ。

追い打ちをかけるように、5月以後、政治スキャンダルも相次いだ。3月後半から広がっていた、人々のあいだでの政治に対する直感的で感情的な不信感は、さらに加速化した。不安はいつしか独り歩きし、他人の振る舞いへの過度な嫌悪感や忌避感情に向かい、客観性や合理性を受け入れず、むしろそれらを拒絶する大きなうねりになっていった。

感染拡大によって生じた問題

予見可能性の低下は、政治（と行政、専門家ら）が示す客観的事実や前例踏襲的説明、合理的配慮に基づく対処方針など、すべてに対して脊髄反射的に拒絶するという不安定な事態をもたらしうる。さしあたり以下において、前述の「忘却」「反復」「脊髄反射的反応」という三つの観点を導入しながらいっそうの検討を試みてみたい。

過去の感染症拡大時に生じた出来事、学校休業等の政策、政治家の振る舞いを、社会とメディアがすっかり忘れ去っているという「忘却」、買い占めや自粛、リスク／クライシス・コミュニケーションの失敗といった過去の教訓が引き継がれずに繰り返される「反復」、さらに有事特有の不安感と被害者意識を背景にした（そして平時にも一定程度、存在する）「脊髄反射的反応」が連鎖的かつ繰り返し生じているという見立てだ。

次のような順で、より詳細な検討を行っていく。

まず「対応の遅れ」批判に関して、新型コロナの初動と混乱などに注目する。初動の対応と、さらにその評価に大きな影響をもたらしたダイヤモンド・プリンセス号における感染拡大と対処の経緯などを取り上げる。

結論を先取りすれば、日本政府は厚生労働省を中心に行政的対応でかなり迅速に対策を行っていた事実を指摘する（ただし、内容がそれで十分であったかどうかは現状評価が困難であり、また筆者の専門性の範囲にも収まらない）。

政府の新型コロナ対策は２００９年の新型インフルエンザの国内感染拡大時と同様に、ＷＨＯと足並みを揃《そろ》えるものだった。インフルエンザのリスクは古くから認知され、１９９０年代から新型インフルエンザ対策が本格化した。

２００９年の新型インフルエンザの国内感染拡大を経て、新型コロナ対策でも活用された新型インフルエンザ等特措法が12年に成立、13年に施行された。政府や省庁の行動計画やＢＣＰ（事業継続計画）が強化され、年１回の訓練も行われてきたが、こうした事実は新型コロナ感染拡大の渦中において、メディアや政府から十分説明されたとはいえないだろう。

２月初旬のダイヤモンド・プリンセス号の対応は国際法的に必ずしも日本政府に責任の所在があったかどうか、当時も現在もわからないが、その対処をめぐる混乱は政治と日本政府の新型コロナ対策への不信感を強くさせた。

次に、新しい問題について考える。その端緒として、ＷＨＯと世界が感染症拡大に際して、いち早く情報の過剰性の問題に関心を示していたことと、対比的に日本の「失敗」を提示する。

ＷＨＯは真偽を問わず情報の過剰性による「インフォデミック」を懸念し、ＥＰＩ－ＷＩＮ（WHO Information Network for Epidemics：感染症のための情報ネットワーク）をはじめオンラインでの教材公開やトレーニング・ツールの配信など、インターネット、とくにＳＮＳを念頭に置いた対処を行っていた。

日本でも恐らく、それらやＷＨＯのリスク／クライシス・コミュニケーションの必要性に関する助言を踏まえて、従来はほとんどなかった行政のＳＮＳアカウントによるマスメディア批判が幾度か行われた。しかし双方の内容上の課題などもあり、政治不信、行政不信に拍車をかけただけでとどまった。それどころか、そうしたインシデントによって、合理性が認められるインフォデミック対応策の国内での実施が難しくなってしまった。

こうした失敗の背景には、メディアと政治に関して以前から存在してきた構造的問題と、新型コロナ感染拡大によって生じた新しい問題が輻輳《ふくそう》しながら存在している。この二つの問題を、低迷を続けた内閣支持率と「耳を傾けすぎる政府」、さらに「イメージ政治」を手がかりに検討する。

世界が報道とＳＮＳを通じて繋《つな》がりすぎたことによって、そして同時にコロナ危機に見舞われたことで、世界の見通しが良くなりすぎてしまった。社会保障や感染症対策における政策の思想や方向性は多様であるにもかかわらず、それらが部分的に／混同して提示されたことで、「自国の対処は他国に劣っている」「なぜ自国政府はまともな対応をしないのか」「それによって自分たちは、政府／行政／政治家に虐《しいた》げられている」という被害者意識がこの間にいっそう触発され、広く共有された。

結論を簡潔にいえば、政治に対する不信頼と、並行して発生した政治スキャンダルというノイズによって、歴代最長内閣でありながら自民党総裁3期目でレームダック化が懸念される政権が、ときに合理的でも、効果的とも限らない（とくにマスメディアとネット上の）「民意」を節操なく取り込もうとする「耳を傾けすぎる政府」と化すことへの危惧だ。その背景には、理性ではなく、イメージと脊髄反射的反応で駆動する「イメージ政治」という状況があるのではないか、というのが筆者の見立てである。

ただし問題の所在は、単に政治の側だけにとどまらない。メディアと分かちがたく結びついている。というのも、大半の有権者が接する政治の姿は、政党や政治家の生の姿ではなく、メディアを通した「政治」だからだ。

メディアは象徴的でわかりやすい発言を切り取り、文脈を変更しながら政治の姿を流通させる。そして生活者の大半は、メディアを通じて得た「政治」の情報と知識で政治を判断する。ワイドショーによる扇情的な取り上げ方、専門家の選定、演出は、例えば前述のWHOが組織したEPI－WINが提示した社会を混乱させないコミュニケーション戦略の指針「Identify（明確化）-Simplify（簡素化）-Amplify（拡散）-Quantify（定量化）」に、ことごとく反するものであった。また、SNS上のコミュニケーションや新聞の一部オピニオン面にも類する報道が認められた。

これら事実は、読者、視聴者共同体を前提とした「規範的ジャーナリズム」と報道の限界であり、専門性に配慮した「機能のジャーナリズム」の不在ともいえる。こうした民間の自助努力で解決されずに残り続ける構造的問題を、どのように制度や公的機関を活用して解決するべきか。その意味で、新しい問題とも密接に連関しているし、リスク／クライシス・コミュニケーションの失敗／不在という、自然災害や有事のたびごとに指摘されながらも今も残り続ける現状の考察も試みてみたい。

「迅速な」初動と「遅れた」WHOの判断？

政府は新型コロナの国内感染拡大に際して、感染症法と新型インフルエンザ等特措法を中心に対応を行った。複数の公衆衛生学のテキストは、日本の感染症予防のために、感染症法、予防接種法、検疫法、学校保健安全法、食品衛生法など、多面的な予防措置があること、さらに感染症の成立に際して、病原体、感染経路、感受性をもつ宿主が必要であることを指摘する（鈴木監修 2019，田城・横山編 2015）。

感染症法の前身といえる伝染病予防法は1897年に制定され、100年にわたって大きな役割を果たしてきたが、国内外の環境変化に伴う感染症の変化に機能不全をきたしていた。

そこで1998年、トラホーム予防法や寄生虫病予防法、らい予防法など個別に立てられてきた法律を廃止し、同年に伝染病予防法、性病予防法、エイズ予防法の三法を統合改変するなかで、感染症法が制定され、翌99年施行された（鈴木監修 2019）。

新型コロナは、主に2009年の新型インフルエンザの国内対策に準じた対応が取られた。経緯は後述するが、2012年の新型インフルエンザ等特措法の成立後、政府は「新型インフルエンザ等対策政府行動計画」と「新型インフルエンザ等対策ガイドライン」を定めた。

2017年に改訂された「新型インフルエンザ等対策政府行動計画」は、「感染拡大を可能な限り抑制し、国民の生命及び健康を保護する」ことと、「国民生活及び国民経済に及ぼす影響が最小となるようにする」ことを主たる目的とした。前者の詳細には「適切な医療の提供により、重症者数や死亡者数を減らす」ことが記されていたため、政府の基本的対処方針等でも踏襲された。ただし方針等の公表当時、こうした背景は強調されず、諸外国と比べて慎重な方針を取る理由は、十分には国民に理解されなかった可能性がある。

また政府は「未発生期」から「海外発生期」「国内発生早期」「国内感染期」等の時期を定め、一貫して情報収集、分析、現場へのフィードバックを行う「サーベイランス（監視）」の体制を構築してきた。各時期は多層的に構築され、平時のサーベイランス、発生時に追加・強化するサーベイランスが実施されてきた。これらの情報は保健所、病院等の医療機関、学校が都道府県に集約し、都道府県が厚労省と共有し、厚労省と国立感染症研究所が分析し、フィードバックされる仕組みだ。言い換えれば、情報収集や症例発見といった最初期の対応は、主として政権の能力に左右される事項ではなく、行政の態勢に関する事項といえる。

そうであるにもかかわらず、前述の与野党政治家の批判やメディアの批判も「政府の初期対応の遅れ」に向けられた。例えば２０２０年2月27日付けの朝日新聞社説は次のように書いた。

対策を助言する専門家会議の初会合が開かれたのは、大幅に遅れて今月16日。感染経路が不明な患者が見つかった後だ。水際での防止にこだわり、国内の流行対策が後回しになったとの批判は免れない。（強調、傍点は引用者による）[11]

平時の感染症対策は、政権の能力や関心というよりもこれまでの制度と行動計画やガイドライン、態勢、予算等によって影響を受けると考えられる。他方で、新型コロナウイルス感染症対策専門家会議（専門家会議）開催の「遅れ」などに向けられる少なくない批判の全体像はすでに言及したとおりだが、認識のズレの端緒はどこにあったのだろうか。初動の、よりミクロな過程、とくにＷＨＯと日本政府の判断の連動に目を向けてみたい。

新型インフルエンザ等対策研究会（２０１３）によれば、厚労省と国立感染症研究所はＷＨＯと「地球規模感染症に対する警戒と対応ネットワーク（ＧＯＡＲＮ）」等を通じて、海外の感染症の発生状況、最新の知見についての情報収集を行っている。そのためＷＨＯ等の国際機関の判断と厚労省等の判断は、一定程度以上に連動するものと思われる。

ただし、言うまでもなくそれらの科学的、公衆衛生的妥当性や実際の政策過程、連動の実証にはより慎重な検討――例えば厚労省の政策担当者に対するインタビューと政策決定過程の詳察、感染症の多様な事例との突き合わせなど——が必要である。だが、各国の、そして日本においての新型コロナに対する過小評価と、感染者の爆発的増加をもたらす珍しい特徴を併せ持ったウイルスの感染拡大防止を考えるとき、日本ではやはり平常時対応がその延長線上にある初期対応に影響した可能性を想起させる。[12]

繰り返し呼びかけられた「通常の対策」

厚労省は概《おおむ》ね標準的な手続きに則って、「通常の感染対策」を重視していたと思われる。1月20日公表の厚労省の「第5報」資料には、「国民の皆様へのメッセージ」が添えられている。

◦新型コロナウイルス関連肺炎に関するWHOや国立感染症研究所のリスク評価によると、現時点では本感染症は、家族間などの限定的なヒトからヒトへの感染の可能性が否定できない事例が報告されているものの、**持続的なヒトからヒトへの感染の明らかな証拠はありません**。風邪やインフルエンザが多い時期であることを踏まえて、咳《せき》エチケットや手洗い等、**通常の感染対策を行うことが重要です**。

◦武漢市から帰国・入国される方におかれましては、咳や発熱等の症状がある場合には、マスクを着用するなどし、事前に医療機関へ連絡したうえで、受診していただきますよう、御協力をお願いします。また、医療機関の受診にあっては、武漢市滞在歴があることを事前に申し出てください。
（強調と傍点は引用者による）[13]

さらに1月24日付けの厚労省「中華人民共和国湖北省武漢市における新型コロナウイルス関連肺炎について（令和2年1月24日版）」においても若干文言が変化しながらも、やはり「通常の感染対策」が呼びかけられている。

国民の皆様へのメッセージ

新型コロナウイルス感染症の現状からは、中国国内では人から人への感染は認められるものの、我が国では人から人への持続的感染は認められていません。国民の皆様におかれては、過剰に心配することなく、季節性インフルエンザと同様に咳エチケットや手洗いなどの感染症対策に努めていただくようお願いいたします。（強調と傍点は引用者による。原文には武漢滞在歴がある人に対して、受診の前に医療機関に申告するよう求める「第5報」同様の記述がある）[14]

1月24日版ではWHOという一定程度信任された国際機関の「緊急事態宣言見送り」という情報を付与しながらの公表となってしまった。WHOも、厚労省も、感染症関連の報道発表は原則として、差分や変化を容易に追跡できるように一定の型式を取っている。そうであるがゆえに、少なくとも厚労省の報道発表の水準では、「過剰な心配」をしないよう求めるメッセージを送り続けることになった。

この「過剰に心配することなく」という文言は、ＷＨＯが緊急事態宣言を発出する前日の1月30日の「中華人民共和国湖北省武漢市における新型コロナウイルス関連肺炎について（令和2年1月30日版）」まで継続して掲載されることになる。[15]

この時点では、感染症についてのよほどの知識がない限りは目に留まることもないと思われるが、仮にこのメッセージを受け取ったとしても、のちの未曾有の事態と混乱を想像できる者はそれほど多くはなかったのではないか。換言すれば、政治や行政を含む専門家コミュニティの外側に、「通常の感染対策」で対応できる範囲の事態だという認識を与えたように思われる。

そうすると後から振り返って、日本の初期対応に関する重要な分水嶺《ぶんすいれい》は、やはりＷＨＯの1月23日における「国際的に懸念される公衆衛生上の緊急事態（ＰＨＥＩＣ）」の見送りだったようにも思えてくる。これがもし前週に発出されていれば、日本の対応もそれに合わせて前倒しできたかもしれない。

ただしＷＨＯの「状況報告」を踏まえると、実際、この時点では世界規模で見ても厚労省の認識はそれなりに妥当なものであった印象を受ける。ＷＨＯの判断と行政対応が連動すると捉えるのであれば、両者は整合的に見える。例えば1月31日においても、ＷＨＯの助言や戦略目標は前述の厚労省のメッセージとほぼ重なる内容だったし、新型コロナウイルス感染症対策本部（政府対策本部）の認識もそれを受けたものだった。[16] 厚労省の報道発表や資料の限りにおいて、厚労省はその都度、WHOの判断を参照している様子が窺《うかが》える。

結果論だけでいえば、少なくとも二つの対照的なシナリオを念頭に置きながら考えてみることができる。

- **WHOの見積もりは専門家コミュニティの通説にそぐわない低リスク評価で、厚労省の対応も独自評価とそのメッセージを受け、妥当とはいえないものになった（非妥当シナリオ）**
- **WHOの見積もりは妥当で、厚労省の対応も独自評価とそのメッセージを受けた、妥当か優れたものだった（妥当シナリオ）**

両シナリオやそれ以外のシナリオの事後的な専門的評価は、専門家コミュニティ中心になされるべきだ。しかし、その外に位置する政治、行政の担当者や社会がそれを受け取る際には（日本の現状を受け入れ難い状況だと評価するのであれば）、どちらのシナリオを採用しても新型コロナの感染拡大のような事態を招く可能性があるということに、政策コミュニティの想像力と注意力が向くようにしておくべきだ。

もちろんここまでのいささか乱暴な検討は、あくまで報道資料を突き合わせたに過ぎず、政策当事者や専門家コミュニティ内部では別の認識を有していた可能性は排除できない。WHOも厚労省もともに、新型コロナをめぐっての初期対応において広く国民に警鐘を鳴らすか、秩序の安定に配慮するかという観点でいうなら、後者を意識したものであった。

だが結果的には、従来の自然災害、日本の場合には東日本大震災に伴う原発事故での経験と同様に、感染症被害についても、政府や行政機関に対する信頼が偶発的にでも毀損《きそん》した場合には、国際機関や担当の行政機関が科学的に妥当な評価や対応を行ったとしても、社会、経済、政治に大きな影響を起こすことがありうるということが明らかになった。

ダイヤモンド・プリンセス号の混乱と「不評」

2月3日に横浜に入港したダイヤモンド・プリンセス号における感染拡大は、船舶に対する国際法上の執行権の複雑さと曖昧《あいまい》さもあり、日本政府は難しい対応を迫られることになった。国際法上、船舶に対しては船舶が登録されている国（旗国《きこく》）の法令が適用される旗国主義が取られている。さらに船長の役割と裁量を重視する立場もある。近年は寄港国の監督措置を強化する傾向にはあったものの、執行権の強制力になると、今なお、明確ではない（吉田 2007）。

ダイヤモンド・プリンセス号の場合、船籍は英国、運航会社は米国企業、寄港国は日本ということになる。[17]

感染症が発生した船舶に対して、旗国と船舶を運航する企業（船長）、さらに航海の途中で寄港した寄港国のうち、どの主体が責任を取るべきか必ずしも明確ではなかった。選択肢として入港拒否などもありえたが、日本人乗客が多かったことや国内での感染症蔓延《まんえん》を防ぐ防疫の必要もあり、日本政府が対応することになった。この対応については、各国大使館の同意も得たうえだった。厚労副大臣も務めた自民党の武見敬三参院議員が興味深い発言を残している。

クルーズ船という閉鎖空間で治療方法が確立していない感染症が発生したらどうするか。危機管理マニュアルは日本はおろか世界のどこにもない。初めての事態だった。満室に近いうえ、多国籍で特等から2等まで様々な乗客を管理するのは極めて困難だったと聞いている。

（中略）

政府から聞いたところによれば、2月上旬のうちに外務省は関係国の大使館員に船内での隔離方針を説明し、異論は出なかった。自国に引き取るかも尋ねたが、応じると答えた国はなかったそうだ。あの時点で自国民を引き取る国があって客室に余裕ができれば、体調の良い人と悪い人の振り分けがある程度できた可能性がある。[18]

当初からＷＨＯの統計における各国発生状況において、ダイヤモンド・プリンセス号での感染者は日本国内の発生件数とは別立てで記載されていた（のちに、ＷＨＯの統計では「国際運送〈ダイヤモンド・プリンセス号〉＝International conveyance〈Diamond Princess〉」と表記）。しかし、メディアは総じて日本政府の対応に批判的な論調で、海外での日本批判も高まった。[19]

２月10日には船内支援として、日本政府は医師、看護師、薬剤師を船内に派遣するとともに、医薬品等の搬入も実施した。[20]

ダイヤモンド・プリンセス号の感染対策の是非をめぐって、専門家のユーチューブでのセンセーショナルにも取れる「告発」（その後、削除）や、政治家の反論とも取れる、ツイッターへの投稿が相次いだ。それらはマスメディアではなく、ＳＮＳを介して広く国民が視聴可能なかたちでなされることになった。そして、国際社会の批判的な関心の高まりも背景にしながら、マスメディアはこの話題を連日取り上げた。[21] その取り上げ方は総じて、それ以上に新情報を掘り下げるわけでもなかった。

しかしメディアのこうした反応は日本政府の、確かに混乱して見える対応への不信感を著しく刺激することになった。[22] もちろん社会やメディアにおける不信感や懸念は定義上、必ずしも実態に沿うものでもなく、沿う必要もない。ただ、少なくとも各専門家コミュニティと政策コミュニティ、オピニオン・リーダー層においては冷静な検討が求められるなかで、彼らも含めとくに事態発生の初期段階で多くの人が参考にするであろうマスメディアの、なかでも情報番組において、その影響力と専門性や多角的視点の提示の在り方にギャップがあることが改めて露呈した。

なお日本政府は今回の経験を経て、これから責任所在の明確化の議論を国際社会に問題提起していく構えを見せている。

新型インフルエンザの忘却と反復

2020年3月の新型インフルエンザ等特措法改正は、多くの国民に「この法改正を通じて初めて法律を踏まえた対処が行われるようになった」という認識を与え、「遅れ」批判を強化した可能性がある。

しかし実際には、同法改正以前から新型コロナへの対応は、概ね感染症法と検疫法、そして新型インフルエンザでの経験と反省から整備された新型インフルエンザ等特措法を踏まえて実施されていた。

WHOは、発生当初から新型コロナと新型インフルエンザ・パンデミックの類似性を頻繁に指摘した。例えば「状況報告」は、新型コロナと新型インフルエンザについて、両者は共にウイルスが原因で、重症化すると死亡する恐れがあること、また飛沫《ひまつ》や接触といった感染経路も重なるため手洗い等の予防策も似ていると報告した。[23]

逆に両ウイルスの差異として、次の2点が挙げられている。一つが新型コロナは80％が軽症もしくは無症状で、15％が重症化し、5％が深刻な病状になるため、インフルエンザより重症化の程度は高い点である。また二つ目が、感染から症状発生までの期間はインフルエンザのほうが短く、したがって感染拡大速度もインフルエンザのほうが速い点だ。

またコミュニティ内で子どもはインフルエンザ感染の重要因子だが、新型コロナウイルスには感染しにくく、中国の研究では子どもは大人から感染しているとの指摘もなされている。

従来どおり厚労省は感染症対策でWHOと協調していた様子が窺えるが、WHOの判断や分析を受けて、厚労省と政府の政策担当者らも認識を共有し、それに沿って対処しようとしたものと思われる。

それらの基本的な事実関係を社会はすっかり失念していた。「忘却」に対する危機意識は、公衆衛生関係者のあいだでは新型コロナ発生以前から共有されていたようだ。少し長いが、感染症対策と感染症学を専門にする岡田《おかだ》晴恵《はるえ》と田代《たしろ》眞人《まさと》の共著『感染爆発《パンデミック》にそなえる――新型インフルエンザと新型コロナ』（2013年、岩波書店）から引用する。

2005年から2008年にかけて、パンデミック対策、とくにH5N1型強毒性鳥インフルエンザからの強毒性新型インフルエンザ発生時の危機管理対策が叫ばれ、国、自治体、企業などによる行動計画の作成、実地訓練などがさかんに行われていた。しかし、2009年の豚インフルエンザ由来の新型インフルエンザの騒ぎが終わると、Ｈ５Ｎ１型鳥インフルエンザの問題はすっかり忘れ去られ、メディアの話題にも上らなくなった。

　その主な理由は、**２００９年のパンデミックが、懸念されていた強毒性のウイルスによるパンデミックとは異なり、軽微な健康被害に終始したことにあろう。**しかし、先に述べたように、これは幸運に幸運が重なったからに過ぎず、この経験から新型インフルエンザの本質を決して見誤ってはいけない。

　さらに国による硬直化した過剰対応や不適切な緊急措置などが、かえって社会に混乱を招いたことに対する批判もある。この第１の原因は、適宜、流行規模、健康被害等に関するリスク評価がなされなかったことにある。その結果、入国時の水際作戦など、**公衆衛生上の対応の不手際、発熱外来の混乱、現状を無視した医療現場への依頼、意味のない検査実施や患者報告の強要、度重なる方針変更による現場の混乱と疲弊、**不透明なワクチン緊急輸入問題や接種対象者の優先順位などの混乱、さらには旅行業者やさまざまな商業活動・経済活動にも悪影響が出た。これらに加え、政権交代期をはさんだ**政治家のさまざまな思惑と介入、リーダーシップの欠如、**行政担当者の緊急対応の不手際、準備不足など、多くの要因が挙げられる。（岡田・田代［2013］2020：108-9）

　これらの記述は新型インフルエンザとその対応を総括してなされたものだが、そのまま新型コロナの感染拡大に際しても当てはまる点があるように思えてくる。

この後、新型インフルエンザに限らず、幅広い新型感染症にも対応できるように新型インフルエンザ「等」対策特別措置法が整備された。その大きな目的の一つが、新型インフルエンザ対策にあたった際に明らかになった危機対応策の法的基盤不足に対応することであった。[24]

感染症対策のなかで、インフルエンザは常に身近な流行を引き起こすこともあって、歴史的にも重要視されてきた。1918年のスペイン風邪の世界的流行では世界で約4000万人、国内でも39万人が死亡したとされている（宮村監修 2011）。以下、初動と備えの経緯を確認する。

スペイン風邪の世界的流行後も1957年アジアインフルエンザ、68年香港インフルエンザが流行し、各国でパンデミックを見据えた対応が進められてきた。日本でも予防接種などを通じて、インフルエンザには広く馴染《なじ》みがあるはずだ。

1997年に厚生省（当時）に「新型インフルエンザ対策検討会」が設置され、パンデミック・インフルエンザの検討が進められた。同年には鳥インフルエンザの発生が確認され、人への感染や強毒化、アウトブレイク対策の必要性が認識され始めた。

2003年に「新型インフルエンザ対策に関する検討小委員会」が設置され、検討が始まった。翌年、同小委員会は、発生状況を6段階に分け、情報の収集分析（サーベイランス）と周知、感染拡大防止策、医療・検査体制整備、ワクチン、国際的な連携等を含む報告書を公開した。

2005年9月、ブッシュ米大統領（当時）が新型インフルエンザ対策強化を公表。WHOも各国に対策を呼びかけた。日本でも検討が始まり、同年12月に「新型インフルエンザ対策行動計画」

が策定された。ワクチンと抗インフルエンザ薬（タミフル、のちにリレンザも加わる）の備蓄も始まった。

年が明けて、2006年1月には岡部信彦・国立感染症研究所感染症情報センター長（当時）を議長に「新型インフルエンザ専門家会議」が設置され、同会議は07年3月に「新型インフルエンザ対策ガイドライン――フェーズ4以降」を作成した。

検疫、サーベイランス、積極的疫学調査、発生初期における早期対応戦略、医療体制、医療施設等における感染対策、医療機関における診断検査、ワクチン接種、抗インフルエンザ薬、事業者・職場での対応、個人及び一般家庭・コミュニティ・市町村における感染対策、情報提供・共有、埋火葬の円滑な実施などを含むものであった。

政府による机上訓練も始まり、2006年9月に初めて実施して以後、09年1月までに計4回行われた。これが新型コロナ対策の基礎となった新型インフルエンザ対策の整備に至るまでの簡潔な前史である。

新型インフルエンザが国内で発生

まず2009年の新型インフルエンザの経緯と帰結を確認しておこう（図21）。

日本が死亡数も、人口10万人当たり死亡率も各国比較で相対的に低く抑えられていることがわかる。医学・科学的理由なのか、政策的理由によるものかという判断には慎重な検討が必要と思われるが、専門家らのあいだではこの状況をして理由は幸運によるとする者から、日本の新型インフル

図21 新型インフルエンザの死亡率の各国比較

	米国	カナダ	メキシコ	豪州	英国	シンガポール	韓国	フランス	NZ	タイ	ドイツ	日本
集計日	2/13	4/10	3/12	3/12	3/14	4月末	5/14	ー	3/21	ー	5/18	5/26
死亡数	推計12,000	428	1,111	191	457	25	257	312	20	225	255	199
人口10万対死亡率	(3.96)	1.32	1.05	0.93	0.76	0.57	0.53	0.51	0.48	0.35	0.31	0.16
PCR	ー	全例	ー	ー	ー	全例	全例	260名はPCRで確定	ー	全例	ー	184名はPCRで確定

※尚、各国の死亡数に関してはそれぞれ定義が異なり、一義的に比較対象とならないことに留意が必要

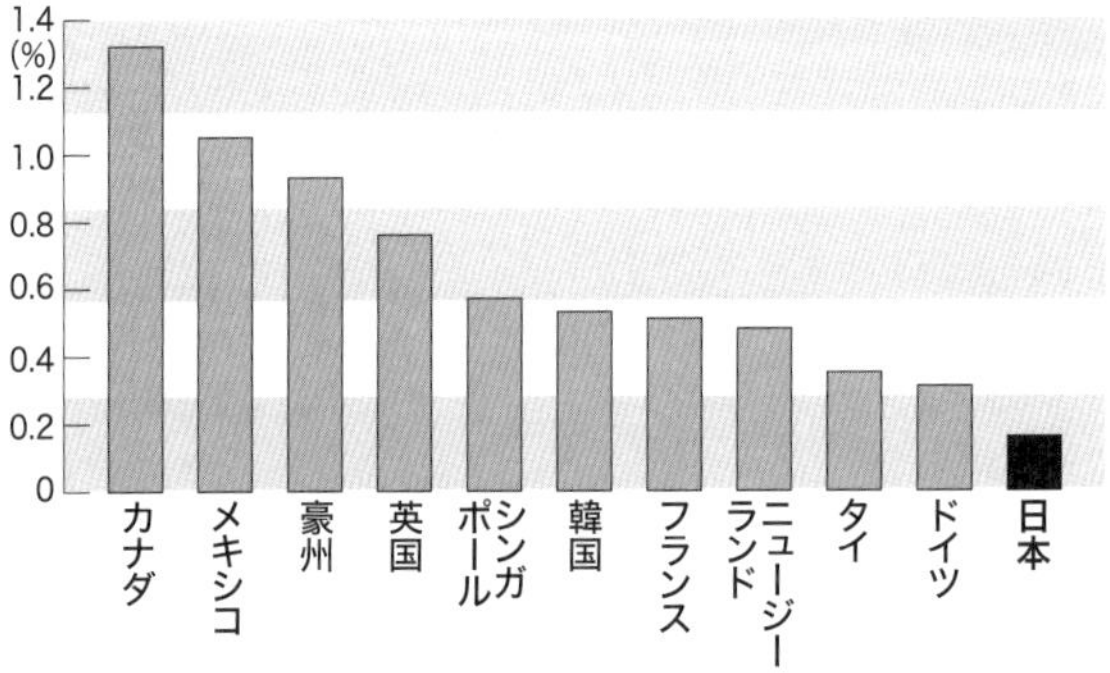

出典:各国政府・WHOホームページから厚生労働省で作成

厚生労働省新型インフルエンザ対策推進本部「第６回新型インフルエンザ（A／H１N１）対策総括会議（参考資料1 各国の状況について)」より作成。
https://www.mhlw.go.jp/bunya/kenkou/kekkaku-kansenshou04/dl/infu100528-05.pdf

エンザ対策を肯定する者にまで分かれている。

国立感染症研究所所長を務めた宮村達男《みやむらたつお》監修の『新型インフルエンザ（A／H1N1）』（2011年、中央法規出版）には、次のように述べられている。

パンデミックによる世界各国での死亡者数は、国ごとに大きく異なっている。日本は、世界で最も死亡率の低い国であり、欧米やメキシコなどに比べて人口10万人当たりの死亡率は1／3〜1／26程度である。これはウイルスの病原性の違いではなく、医療体制の充実と抗ウイルス薬の早期服用習慣など、通常のインフルエンザ対応が諸外国に比べて格段に優れているためと思われる。（宮村監修 2011：51）

公衆衛生の専門家のあいだでも死亡数を少なく抑えられたという結果については、好ましいものとして概ね評価されているようだが、当時の実際の対処については政治、行政過程における問題を指摘する声が多い印象だ（岡部・和田 2020 河岡・今井監修 2018 岡田・田代[2013]2020 尾身 2011等）[25]。

次に国内の新型インフルエンザ対応の経緯を概観する（図22）。

以下の記述は、2010年に厚労省が作成した新型インフルエンザ対策の総括資料「今般の新型インフルエンザ（A／H1N1）対策について」に依拠したものである[26][27]。この文書は、新型コロナウイルス感染症対策専門家会議の第2回資料にも収録されている。

新型インフルエンザについてはその発生前から「新型インフルエンザ対策行動計画」と「新型インフルエンザに関するガイドライン」を策定し、2007年には対策本部設置を閣議決定した。それに伴って、抗インフルエンザ薬等の備蓄や訓練が始まっている。08年には感染症法も改正された。

2009年4月23日にアメリカでの発生状況が確認され、4月28日にWHOがインフルエンザ対策のフェーズ4を発出した。政府は政府対策本部を設置し、「基本的対処方針」を策定した。4月29日には「38度以上の発熱又は急性呼吸器症状」と「患者等との接触歴又はまん延国の滞在歴」「迅速診断キットでA型陽性、B型陰性」（インフルエンザウイルスはA・B・C型の3種類に大きく分けることができ、新型はA型に分類された）というサーベイランスと症例定義が行われた（日付はいずれも日本時間）。

「基本的対処方針」改定が5月1日に示され、積極的疫学調査や感染拡大防止措置、抗インフルエンザ薬等の円滑な流通、医療従事者や初動対処要員の保護が規定された。

その後の国内発生の経緯は、以下のとおりである。5月16日、兵庫・大阪での最初の国内発生が認められた（その後、6月4日に確定できた最も早い発症日は5月5日と発表）。

5月22日に政府の新型インフルエンザ対策本部で「基本的対処方針」第2次改定、さらに厚労省が「運用指針」を策定した。内容は発熱外来・発熱相談センターの設置、抗インフルエンザ薬の予防的投与、PCR検査の優先順位、学校等の臨時休業などである。

関西中心に感染は拡大し、6月19日に「運用指針」は全数把握からクラスター・サーベイランス

図22｜2009年新型インフルエンザの初期対応概要

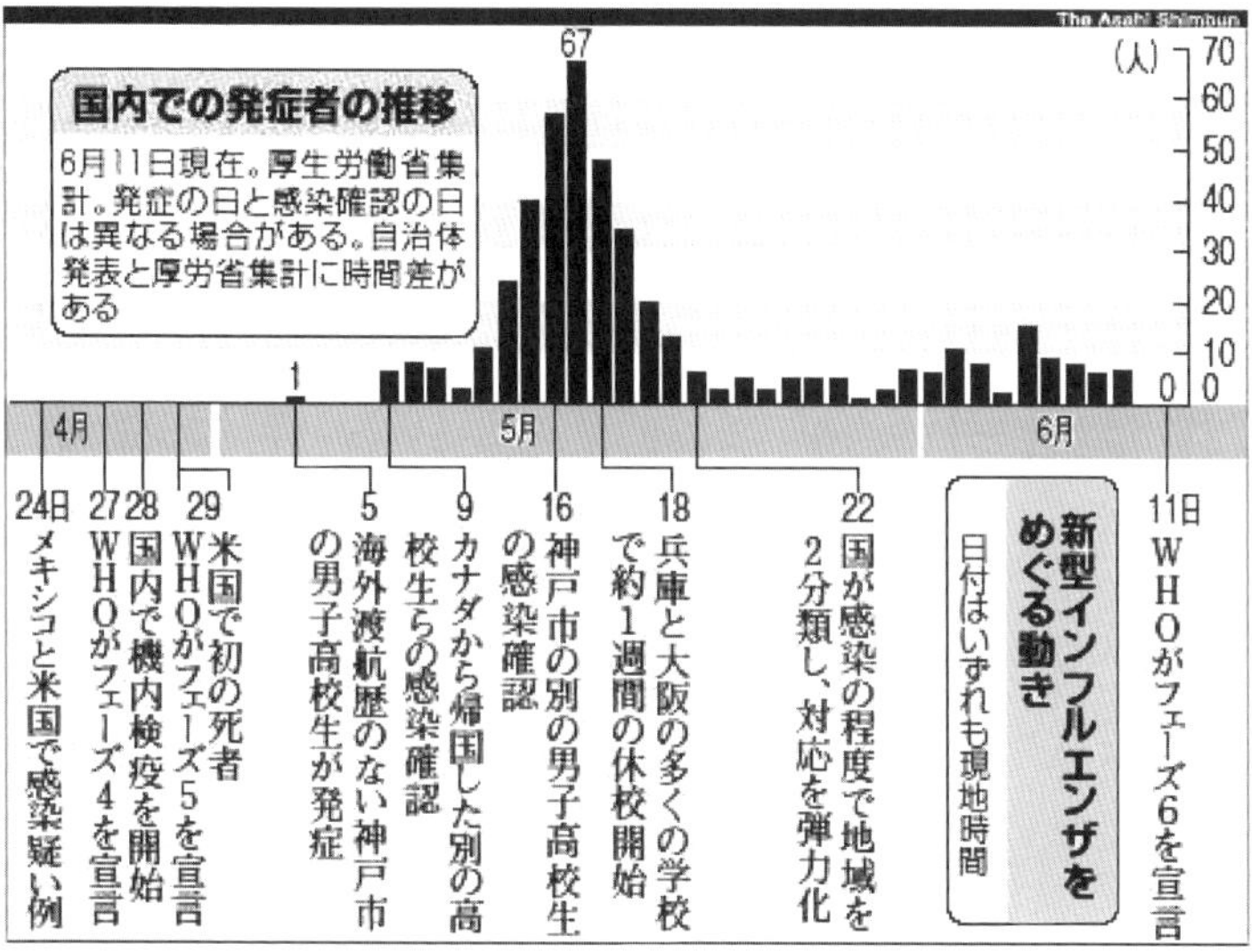
The Asahi Shimbun
国内での発症者の推移
6月11日現在。厚生労働省集計。発症の日と感染確認の日は異なる場合がある。自治体発表と厚労省集計に時間差がある
67
1
0
(人)
70
60
50
40
30
20
10
0
4月
5月
6月
24日 メキシコと米国で感染疑い例
27 WHOがフェーズ4を宣言
28 国内で機内検疫を開始
29 WHOがフェーズ5を宣言 米国で初の死者
5 海外渡航歴のない神戸市の男子高校生が発症
9 カナダから帰国した別の高校生らの感染確認
16 神戸市の別の男子高校生の感染確認
18 兵庫と大阪の多くの学校で約1週間の休校開始
22 国が感染の程度で地域を2分類し、対応を弾力化
新型インフルエンザをめぐる動き
日付はいずれも現地時間
11日 WHOがフェーズ6を宣言

2009年6月12日付け朝日新聞朝刊より引用。表内の日付はいずれも現地時間

の強化、またすべての一般医療機関での診療、検疫時の隔離の中止に改定された。

6月12日に、WHOはパンデミックに相当する「フェーズ6」を宣言した。8月15日には国内最初の死亡報告がなされるが、その後、感染地域は沖縄県などに拡大しつつも、2010年にかけて収束に向かっていく。

もう一つこの資料が興味深いのは、当時の対応の「反省」である。そこでは「対策全般のやり過ぎ」「政府の情報提供の失敗」「検疫の失敗とやり過ぎ」「大阪府、兵庫県下全域の学校の臨時休業のやり過ぎ」「発熱外来の設置と運営上の問題（発熱患者の殺到とパンク）」などが記されている。

これらの批判も含めて、資料は新型コロナの専門家会議で共有されている。したがって、専門家や政府対策本部、行政担当者らは認識していた可能性を有する一方で、社会やメディアはすっかり忘却していた。報道がそれらを十分リマインドする（思い出させる）こともなかった。

2009年当時にも前のめりになる知事や厚労省と官邸、専門家会議の対立といった課題が生じていた。[28] それらのいくつかは新型コロナ対策でも繰り返されたが、少なくとも2020年2月時点で、新型インフルエンザの対応と反省を遡《さかのぼ》って報じていたメディアは決して多くはなかった。政府と官僚の高い情報収集能力と学習能力、前例踏襲主義と、メディアの（専門）報道能力のギャップといってもよいかもしれない。

感染拡大の反省から特措法立法へ

いずれにせよ、新型インフルエンザの感染拡大と対応の反省を踏まえて、2012年当時、すでに感染症法だけでは十分ではないという認識のもと新型インフルエンザ等特措法が立法され、成立した。その過程も概観しておこう。

同法成立後、2013年の同法施行に向けて議論が始まった。新型インフルエンザ等特措法施行令や、新たに策定する政府行動計画、ガイドライン等の重要事項を検討するため、12年8月7日に尾身茂・独立行政法人地域医療機能推進機構理事長を会長とし、新型インフルエンザ等対策有識者会議が設置される。基本的対処方針等諮問委員会やその他分科会とともに議論が始まった（新型インフルエンザ等特措法の改正後、新型コロナ対策にも基本的対処方針等諮問委員会が加わっている)。

その後、新型インフルエンザ等対策有識者会議は2013年2月7日に「中間とりまとめ」を公開した。[29]「中間とりまとめ」には、「過去の経験の尊重」や「危機管理としての特措法の性格」「特措法の対象とその特性を踏まえた対応」等、多くの示唆が記されている。冒頭、「新型インフルエンザ等対策の基本的な考え方」からいくつか引用してみたい。

(過去の経験等の尊重)

○新型インフルエンザ等対策の実施にあたっては、2003(平成15)年のSARS発生時や2009(平成21)年の新型インフルエンザ発生時の経験を踏まえる必要がある。その経験を踏まえて取りまとめられた新型インフルエンザ(A/H1N1)対策総括会議の「報告書」や厚生労働省の新型インフルエンザ専門家会議の「新型インフルエンザ対策ガイドラインの見直しに係る意見書」についても活かしていく必要がある。

(特措法の対象とその特性を踏まえた対応)

○感染症の予防及び感染症の患者に対する医療に関する法律(平成10年法律第114号。以下「感染症法」という。)法第6条第7項に規定する新型インフルエンザ等感染症は、他の感染症と異なり、国民の大部分が免疫を獲得していないこと等から、全国的かつ急速にまん延し、かつ、国民の生命及び健

> 康に重大な影響を与えるおそれがあり、また、国民生活及び国民経済の安定を阻害する可能性が高いことから、このような事態に備えて、特措法が制定された。さらに、未知の感染症である新感染症（感染症法第6条第9項に規定する新感染症）の中で、その感染力の強さから新型インフルエンザと同様に社会的影響が大きなものが発生した場合は、国家の危機管理として対応する必要があることからあわせて特措法の対象としたところである。
>
> 。なお、新型インフルエンザ等対策は、日頃からのマスク着用等咳エチケットの徹底、手洗いなど、季節性インフルエンザに対する対策が基本となる。治療薬やワクチンが無い可能性が高いSARSのような新感染症が発生した場合、公衆衛生対策が唯一の感染防止対策であり、公衆衛生対策がより重要である。（傍点、強調は引用者による）[30]

特筆すべきは、過去の対応を踏まえながら、幅広かつ前広《まえびろ》な対応を規定し、さらに計画策定や年1回の政府の新型インフルエンザ等対策訓練を求めた点などだ。新型インフルエンザ等特措法の設計思想と政策の選択肢、その背景は同報告書に詳細に記されているので、関心をもたれた読者はぜひ一度お読みいただきたい。

訓練は2014年から19年まで年1回ずつ開催されてきた。複数のシナリオに基づいて新型インフルエンザの発生を想定し、発生疑いから小康期までの各段階における行政の挙動をシミュレートする内容だ。新型コロナ発生に近い時期では2019年11月8日に「令和元年度新型インフルエンザ等対策訓練」が実施された[31]。

政府は2005年に「新型インフルエンザ対策行動計画」を策定し、定期的な見直しを行ってきた（最新版は2017年「新型インフルエンザ等対策政府行動計画」[32]）。

この行動計画は「海外発生期」「国内発生早期」「国内感染期」「小康期」の各段階の対応を定めている。国内発生早期の対応の一つに「コールセンター等の充実・強化」を挙げていて、新型コロナにおいても国内感染発生早期から行動計画やガイドラインに準じた相応の対応を行ったと見られる（図23）。

今回のコロナ禍においてアメリカ、欧州、そして東アジアの少なくない国と地域では、憲法や法律で定める国家緊急事態が宣言されたり、戒厳令や感染症対策として事前に定められた国家の強力な権限によってそれらに近い強力な市民生活の制限が実施されたりした。

国家緊急事態を宣言したアメリカやフランス、イタリア、中国などが代表例だが、それに対して憲法に国家緊急事態に関する規定をもたない日本は、同規定がありながらも個別の感染症法令で対応したドイツ同様に、感染症法や新型インフルエンザ等特措法を中心にしながら平時の法制で有事と対峙することになった。

事前に声高に報じられたのとは異なり、「私権の制限」は日本国憲法の諸規定や過去の伝染病予防法等に関連して生じた感染症患者に対する差別等の広がりに対する反省などによって、かなり抑制的に作られている。そのためその後、様々な問題において混乱ぎみな賛否両論を招くことになった「自粛と要請」が対策の主たる対応ツールとなった。

新型インフルエンザ等特措法は、とくに政府対策本部設置後の都道府県知事の権限と裁量を幅広く規定しているのと同時に、それらの大半は緊急事態宣言後の臨時の医療施設開設を目的とする土地、家屋、物資等の使用などを除くと、あくまで「要請」にとどまる内容であった。

他国のような罰金や罰則を伴うものではなかったため、結果として、総理大臣や都道府県知事らは緊急事態宣言後も国民や市民に対して「自粛」を、「要請」するという、あくまで法律に則りながらも、しかし一般的な日本語の用法的にはかなり不思議な構図を幾度も目にすることになった[33]。こうした実効性と方法の明確性の欠如もあって、国内では日本政府と専門家の対応に対する不信感と懐疑は日を増すごとに強まっていった。

過去の新型インフルエンザの経験と、それを踏まえたこれまでの備えについての基本的事実はやはり新型コロナ感染拡大当時、社会とメディアはすっかり失念、忘却していたといっても過言ではないはずだ。しかも忘れてしまったことにすら気づかないままに、真顔で似たような反応を反復しているようにさえ思えてくる[34]。

その結果、追加の社会、政治、経済的コストが発生し、防げたはずの問題も繰り返しているのではないか。

図23 新型インフルエンザ等発生各段階の対策の概要

	海外発生期	国内発生早期	国内感染期	小康期
対策の考え方	・国内発生をできる限り遅らせる ・国内発生に備えての体制整備	・流行のピークを遅らせるための感染対策を実施 ・感染拡大に備えた体制整備	・対策の主眼を早期の積極的な感染拡大防止から被害軽減に変更 ・必要なライフライン等の事業活動を継続	・第二波に備えた第一波の評価 ・医療体制、社会経済活動の回復
実施体制	**国、地方公共団体、指定公共機関等を挙げての体制強化** ・対策本部の設置(政府・都道府県) ※疑いの段階で必要に応じ、閣僚会議を開催 ・基本的対処方針の決定 等	・国内発生の初期に必要に応じ政府現地対策本部の設置 ★必要に応じて緊急事態宣言(市町村対策本部の設置) 等	・国内感染の拡大に伴う基本的対処方針の変更 等	・基本的対処方針の変更 ・対策の見直し 等
サーベイランス・情報収集	**発生段階に応じたサーベイランスの実施** ・国際的な連携による情報収集 ・国内発生に備えたサーベイランス体制の強化 等	・新型インフルエンザ等患者の全数把握 ・患者の臨床情報把握 等	・入院患者、死亡者の発生動向を調査、重症化の状況を把握 ・集団発生の把握(患者の増加に伴い全数把握は中止) 等	・各国の対応に係る情報収集 ・引続き学校等における集団発生状況の把握 等
情報提供・共有	**一元的な情報発信、国民への分かりやすい情報提供** ・海外での発生状況情報提供 等	・地方公共団体との情報共有の強化、国民への情報発信の強化 ・コールセンター等の充実・強化 等	同左	・情報提供のあり方の見直し ・コールセンター等に寄せられた問い合わせのとりまとめ 等

	海外発生期	国内発生早期	国内感染期	小康期
対策の考え方	・国内発生をできる限り遅らせる ・国内発生に備えての体制整備	・流行のピークを遅らせるための感染対策を実施 ・感染拡大に備えた体制整備	・早期の積極的な感染対策から被害軽減に変更 ・必要なライフライン等の事業活動を継続	・第二波に備えた第一波の評価 ・医療体制、社会経済活動の回復
予防・まん延防止	・水際対策の開始 ・ワクチンの確保 ・特定接種の準備・開始 等	・住民接種の準備・開始 ・住民等に対する手洗い、咳ｴﾁｹｯﾄ等の勧奨 ★不要不急の外出の自粛要請 ★学校等の施設の使用制限 等	・住民等に対する手洗い、咳ｴﾁｹｯﾄ等の勧奨 ・住民接種の継続 ★不要不急の外出の自粛要請 ※ ★学校等の施設の使用制限 ※ 等 ※患者数増加に伴い医療体制の負荷が過大となる特別な場合	・第二波に備えた住民に対する予防接種の継続 等
医療	・国内発生に備えた医療体制整備 ・「帰国者接触者外来」の設置 等	・専用外来における医療提供の継続 ・必要に応じた一般医療機関における診療の開始 ・診断・治療に資する情報等の医療機関への提供 ・抗インフルエンザウイルス薬の適正な流通指導 等	・ファクシミリによる処方せん送付 ・備蓄している抗ｲﾝﾌﾙｴﾝｻﾞ薬の使用 ・医療従事者に対する従事要請及び補償 ★臨時の医療施設の設置 等	・抗インフルエンザウイルス薬の備蓄 等
国民生活及び国民経済の安定の確保	・指定公共機関等の事業継続に向けた準備 ・職場における感染対策の準備 等	・消費者としての適切な行動の呼びかけ、事業者に買占め・売惜しみが生じないよう要請 ★指定公共機関は業務の実施のための必要な措置を開始 ★緊急物資の運送 ★生活関連物資等の価格の安定 等	・消費者としての適切な行動の呼びかけ、事業者に買占め・売惜しみが生じないよう要請 ★緊急物資の運送 ★生活関連物資等の価格の安定 ★物資の売渡しの要請 ★新型インフルエンザ等緊急事態に関する融資 ★権利利益の保全 等	★新型インフルエンザ等緊急事態に関する融資 等

(注)段階はあくまで目安として、必要な対策を柔軟に選択し、実施する。　★新型インフルエンザ等緊急事態宣言時のみ必要に応じて実施する措置

未発生期(事前の準備)
・行動計画等の作成(国、地方公共団体、指定公共機関等) / ・訓練の実施 / ・感染症や公衆衛生に関する情報提供 / ・ワクチンの研究開発 / ・ワクチンの備蓄 / ・ワクチンの接種体制の整備 / ・抗インフル薬の備蓄 / ・地域医療体制の整備

内閣官房「新型インフルエンザ等対策　政府行動計画の概要」より引用。
https://www.cas.go.jp/jp/seisaku/ful/keikaku/pdf/gaiyou.pdf

過去にも実施された学校休業

これまでの新型インフルエンザ対策は一定程度の成果を上げたと評価され、新型コロナ対策を講じるにあたっても、相当程度参照された。新型コロナの感染拡大では、早期に実施された全国一斉休校で、大きな批判と小さな賛同を呼んだ。

しかし、そこには合理性や妥当な理由はなかったのだろうか。以下において、一斉休校の背景に目を向けてみたい。ただしここで行いたいのは、学校休業に公衆衛生政策上の科学的妥当性があるか否かではなく、取りうる政策の選択肢となるだけの蓋然性《がいぜんせい》の程度を理解しようという試みである。新型コロナ対策を考えるとき、その象徴的な事例は全国一斉の学校休業の要請だった。その後の大規模な自粛要請の嚆矢《こうし》となったからである。

比較する事例は、2009年の新型インフルエンザの感染拡大当時の学校の臨時休業だろう。すっかり忘れられているが当時も学校休業措置が実施された。一定の感染防止効果が見られたと結論づけられているが、実施の過程では2020年同様に波紋を生じ、混乱を招いた。

経緯の概要は、当時の兵庫県体育保健課長が事後に、厚労省の「新型インフルエンザ対策総括会議」において、兵庫県の学校休業対応について総括し報告した資料等が参考になる。[35] 以下の学校休業の経緯の記述は、当該資料に基づく。

兵庫県では2009年5月16日に、神戸市内で海外渡航歴のない高校生に新型インフルエンザの感染が確認された。当日が土曜日だったことから、同日に学区単位での休業要請実施を決定。週明け18日の月曜日から休業要請を実施した。順次、外出自粛の徹底、帰省等の自粛要請等が追加され、23日からは学区単位から学校単位での休業要請に切り替えられた。

この報告書は「有効であった対応」として「全県の小・中・高等学校・特別支援学校の休業以降、県内の患者発生数は急激に減少し、感染拡大防止に一定の効果があったと考えられる」（傍点は引用者による）とする一方で、解決すべき課題として「対応のばらつき」「規制単位」「長期休業の限界」「経費補塡《ほてん》」等を挙げた。

また国立感染症研究所の「神戸市・兵庫県新型インフルエンザ集団発生疫学調査報告 第1部 全体像編」は、その他の措置を次のように描写する。

> 修学旅行は延期され、保育所・高齢者通所介護施設・障害者通所施設などが休所、5月16日、17日に予定されていた神戸まつりが中止された。①不要不急の外出を自粛すること、②手洗い・マスクの着用を徹底すること、③直接、病院を受診せず、発熱相談センターに相談することが市民へ広報され、発熱相談センターが24時間対応となり、回線数が増やされた。[36]

学校休業の効果についてもう一つ参考になるのは、総説（レビュー論文）だ。テーマに関連する論文を網羅的に整理・検討し、テーマや分野の動向を紹介する役割を担い、学会で当該テーマに詳しい研究者が担当することが多い。１００年以上の歴史をもつ、日本衛生学会誌による学校閉鎖措置に関するレビュー論文は、学校の一斉休校は国内外で総じて一定程度の感染拡大抑制に有効であると結論づけられていることを紹介する（内田ほか2013）[37]。

同論文は、日本で学校閉鎖が検討されるようになったのは、1990年代末の世界的なパンデミック・インフルエンザへの危機感に呼応して、2000年代半ばのことだったと指摘する[38]。そして、07年の厚労省「新型インフルエンザ発生初期における早期対応戦略ガイドライン」が、初めて数カ月に及ぶ学校休業が選択肢にあることに言及したと述べる。

この「新型インフルエンザ発生初期における早期対応戦略ガイドライン」は、並行して作成された同省の「個人、家庭及び地域における新型インフルエンザ対策ガイドライン」とともに、広範かつ具体的な感染拡大戦略を規定する。両ガイドラインにおける記述の多くは、ウイルスの排出期間等の差異を除くと、新型コロナの戦略・戦術とかなり合致したものでもあった[39]。

学校の臨時休業には考え方として、少数の感染者しかいない時点で積極的に行う「積極的臨時休業」と、すでに感染が拡大し多数の生徒や教師が休んだために行う「消極的臨時休業」の2種類がある。前者には感染拡大抑止の効果があることが、新型インフルエンザ対策のなかでも学校休業の意思決定の一助として確認されている[40]。

学校休業の基本的な考え方は、押谷仁《おしたにひとし》が代表を務める厚労省科研費（新型インフルエンザ等新興・再興感染症研究事業）「新型インフルエンザ大流行時の公衆衛生対策に関する研究」班の「新型インフルエンザ流行時における学校閉鎖に関する基本的考え方」に由来する（宮村監修2011）。

またこの資料中には、新型コロナウイルス感染症対策専門家会議の構成員でもある押谷の論文や過去のＷＨＯの資料翻訳などが添付されており、学校休業の効果が詳細に説明されている。[41]

ＷＨＯは２０２０年5月中旬に公開した学校再開に関する資料のなかで、学校閉鎖はインフルエンザのアウトブレイクを仮定してエビデンスに基づいて実施し、学生、生徒間の接触を減らすことで、感染抑止に努めるよう求めている。しかし、新型コロナウイルスの感染における子どもの影響と役割は研究が少なくよくわかっていないと述べながら、学校閉鎖と教育上の利益が相反することを指摘している。[42] また教室内よりも、関連行事での感染拡大を懸念し、対象の拡大に際しては、地域の感染状況や地域医療機関との連携、モニタリングなどを求めている。

日本において、専門家会議の提案はあくまで都道府県を念頭に置いた学校休業の措置で、以下のように新型インフルエンザ時と同様のものであった。

【出席停止の措置及び臨時休業の判断について】

（中略）

3．都道府県等は、主に地域での流行早期の段階に行われる公衆衛生対策の観点からの休業の必要性の有無について判断し、必要であると判断した場合、学校の設置者に対し、学校の全部または一部の臨時休業を要請する。

また、都道府県等は、感染のおそれがある児童生徒等について、必要と認めた場合には、校長に対し、出席停止の措置を取るよう要請する。

4．都道府県等から臨時休業の要請がない場合であっても、学校の設置者は、例えば、地域ですでに感染が拡大しており、学校において多数の発症者がいる場合などには、学校運営上の対策を講じる目的などの観点から必要な臨時休業を行うことができる。その場合には休業等に伴う学習面への影響等を十分に考慮し、必要に応じて都道府県等と相談の上、判断することが重要である。[43]

つまるところ、新型コロナ感染拡大下の全国一斉休校の要請は、効果の蓋然性、過去の経緯、批判等を踏まえた総理周辺による政治判断といえそうだ。幅広いリスク評価と公衆衛生を含む医学以外の視点も踏まえた措置として、政治判断を否定するものではなく、また日本における新型コロナの拡大抑制にも寄与したのではないかと考えられる。

しかし議論と決定の経緯や理由、背景の詳細を総理が国民に向けて語ることはなかった。[44] 総理が記者会見で口にしたのは、ただ「子どもたちの健康、安全を第一に、多くの子どもたちや教職員が日常的に長時間集まる、そして、同じ空間を共にすることによる感染リスクに備えなければならない」という抽象的な規範論だけだった。[45] 何も政治だけではない。大半のメディアも同様だった。結果、多くの国民が過去の新型インフルエンザ対策における学校休業の効果や経緯を思い出すことはなかった。

その後4月1日の専門家会議の提言を受けて、文部科学省は新型コロナに伴う学校休業のガイドラインを通知し、社会、経済活動の一律自粛とあわせて、「感染者がいない学校も含めた、地域一斉の臨時休業」の要請が選択肢に入ることを明確にした[46]。

しかし3カ月近い異例の学校休業に対する不信感と困惑、子をもつ世帯の負担感は、色濃くなるばかりだった。

インフォデミックという新しい問題

情報やコミュニケーションが行き交うメディアの中心が、より早くネット、とくにSNSに移行したことを世界とWHOは重視し、様々な対応を行った。日本ではSNSを用いた政策広報はさほど活発ではなく、むしろ失敗が際立った。

前述のWHOのEPI－WINはその代表例だ。EPI－WINは、正確な情報源と最新情報を提供し、さらに感染症に対する疑問に正しく回答することで、SNSやその他のメディア上に広まる根拠の乏しい、しかし広く拡散する「神話」の正体を明かすことを目的とした組織である[47]。

EPI－WINの取り組みは、近年「脱真実（post truth）」などとも評されたSNS上の偽情報の拡散やそれに伴う社会の分断、正統性の危機などを念頭に置いたものといえる。

自然災害とも異なった性質をもつ感染症危機の拡大に際して、SNSに特化したリスク／クライシス・コミュニケーションの新たな取り組みだ。

WHOは常時20人ほどのスタッフとコンサルタントで構成されたコミュニケーションチームを有しているが、さらにグーグルやツイッター、フェイスブックといった世界的なプラットフォーム事業者やUNICEFや赤十字といった関連する国際機関等とも連携してEPI－WINにあたった。[48]

デマは多様だった。お湯を飲むことで感染を防げるといった荒唐無稽なものから、BCGやポリオワクチンに新型コロナを防ぐ効果があるといった科学的根拠が現状、明確ではないもの（両者の新型コロナ予防効果と予防目的での接種をWHOは否定している）[49]、さらには「関空から入国した武漢の観光客が検査前に逃げた」といったまことしやかな流言まで多くの偽情報が飛び交った。

EPI－WINは関連諸機関と連携した、信頼の連鎖構築を企図した組織である（図24）。主たる目的は新型コロナにおける「インフォデミック（infodemic）」対策のためのリスク／クライシス・コミュニケーション戦略だった。

インフォデミックとは、情報を意味する「information」と感染症を意味する「epidemic/pandemic」をかけ合わせた造語である。WHOは公衆衛生上の危機とともに、インフォデミックとも闘っているという趣旨のメッセージをたびたび発することになった。インターネット、なかでもSNSで繋がった世界は「情報の過剰性（an over-abundance of information）」の危険に晒《さら》されていると見なしている。[50]

図**24**｜EPI-WINが目指す「信頼の連鎖」概念

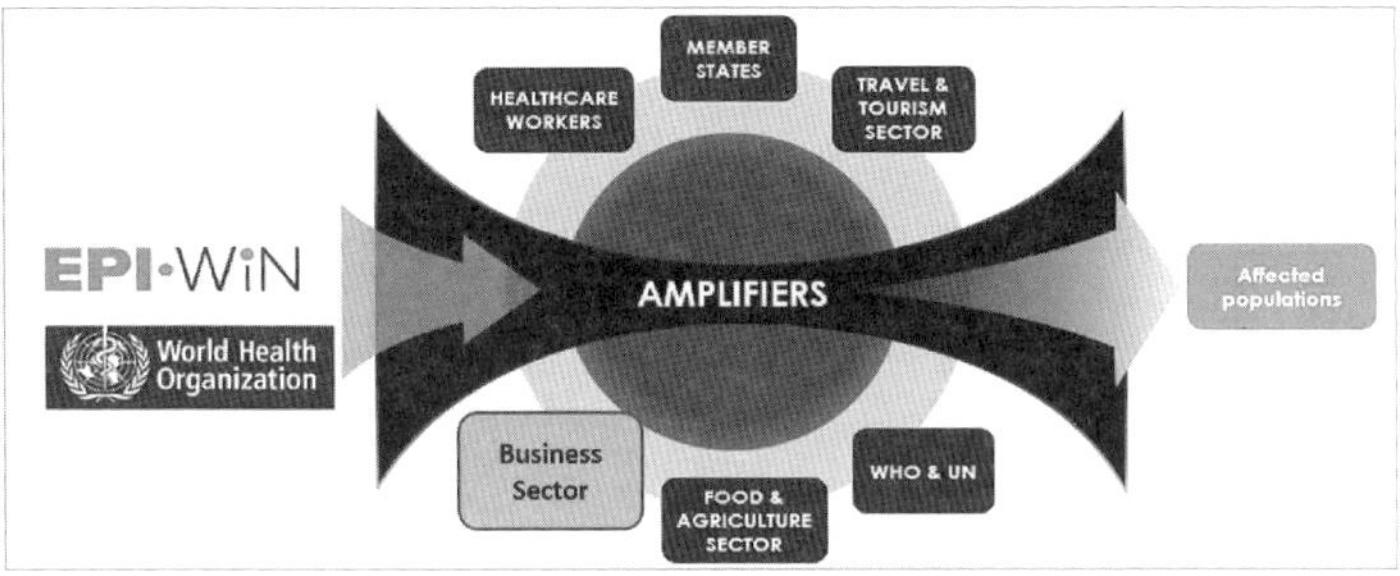

WHO「Coronavirus disease 2019 (COVID-19) Situation Report – 45」より引用。
https://www.who.int/docs/default-source/coronaviruse/situation-reports/20200305-sitrep-45-covid-19.pdf?sfvrsn=ed2ba78b_4

インフォデミックについて興味深いのは、情報が正確か否かにかかわらず、情報量の多さそれ自体が問題視されている点だ。感染症が蔓延した地域において、人々は病気の原因や症状、治療方法、政府や所轄官庁の対策を求めるが、科学的根拠に裏打ちされた信頼できる情報とガイダンスが必要になる。それなくしては情報過剰の時代において人々が正確な情報にアクセスし、アクションを取ることは難しいというのが彼らの認識だった。

EPI－WINは「I－S－A－Q」という四つの方針を打ち出した。「Identify（明確化）」「Simplify（簡素化）」「Amplify（拡散）」「Quantify（定量化）」の略称で、更新される科学的なデータを明確な対策や政策形成に使えるよう、多様な対象に対して多様な方法で、また然るべき関係者とプラットフォームを積極活用して発信していくという方針を採用した。

社会科学系の研究者らに対しても、優先すべき三つの研究領域を提示した。第一に、各国の公衆衛生政策の評価である。異なるフェーズにある他国の助けになるからだ。第二に、多様で有効な健康（体調）管理モデルである。第三に、情報流通に関するものであった。

感染者のスティグマ（stigma＝差別、偏見、汚名）防止やインフォデミック対策に、科学的に（定量的に）対抗するための研究である。一方、日本では医学、公衆衛生の専門家、ほかはもっぱら経済対策や家庭内暴力等に関する対策の必要性が提起されたが、それを除くとあくまで厚労省主導の対応にとどまった。

ＥＰＩ－ＷＩＮもそうだが、ＷＨＯは情報発信に相当の配慮を行っていた。情報発信やリスク・コミュニケーションを通して差別への配慮を警告するだけでなく、ＮＧＯの協力のもとで、著名アーティストが在宅演奏した楽曲公開を通して、在宅中心の行動変容や資金提供を呼びかけるなどの取り組みをオンラインで行った（「One World：Together At Home」）[51]。

また、スティグマによって人々が病気を隠し、その結果、症例数の把握を難しくしたり、迅速な医療へのアクセスを阻害したり、根拠ある衛生的な行動を妨げたりなど、公衆衛生上の悪影響を与えうることなども指摘し、コミュニケーション上の配慮を求めた[52]。

３月16日にＷＨＯが公開した「新型コロナウイルス感染症リスク評価とコミュニティ・エンゲージメント」にも同様の配慮が見られる[53]。

ＷＨＯは新型コロナに関する多くの情報をオンライン上で公開した。いくつかの例を紹介する。例えば、感染症対策を平易に多言語かつ多様なコンテンツを用いて解説する「OpenWHO.org」には新型コロナに特化したサイトが設けられた（図25）。[54] いわゆる咳エチケットから、隔離の仕方、安全な埋葬の仕方まで科学的に根拠がある知見を図解や動画など様々な手法と言語を用いて紹介している。世界的な感染と各国事情等を考慮した情報提供の一環だった。

新型コロナにおいて、EPI－WINのようなオンライン／オフラインを横断するリスク・コミュニケーションは重要視され、SNSを意識した取り組みが各国で試行錯誤された。それらは有事、平時を問わず、SNSを用いた広報に消極的な日本にとって参考になるはずだ。

例えばアメリカ疾病管理予防センター（CDC：Centers for Disease Control and Prevention）は「Share facts about COVID-19（新型コロナウイルスに関する事実の共有）」というサイトで、アジア系市民に対する差別等の否定を念頭に置きながら、新型コロナは人種に関係なく感染しうる旨などを伝えた（図26）。

新型コロナに関する科学的事実だけではなく、差別等の関連する社会的問題や読者のリテラシー・レベル等にも配慮した表現がなされている点も注目に値する。感染症対策としての効果や合理性を無視した差別やレッテル貼りの問題は日本でも生じうる。朝鮮学校等へのマスク配布除外や、風俗業従事者への支援の適用除外などだ。それらの過剰肯定や拡散に、日本のSNSも決して無関係とはいえないはずだ。

図25 | WHO「OpenWHO.org」

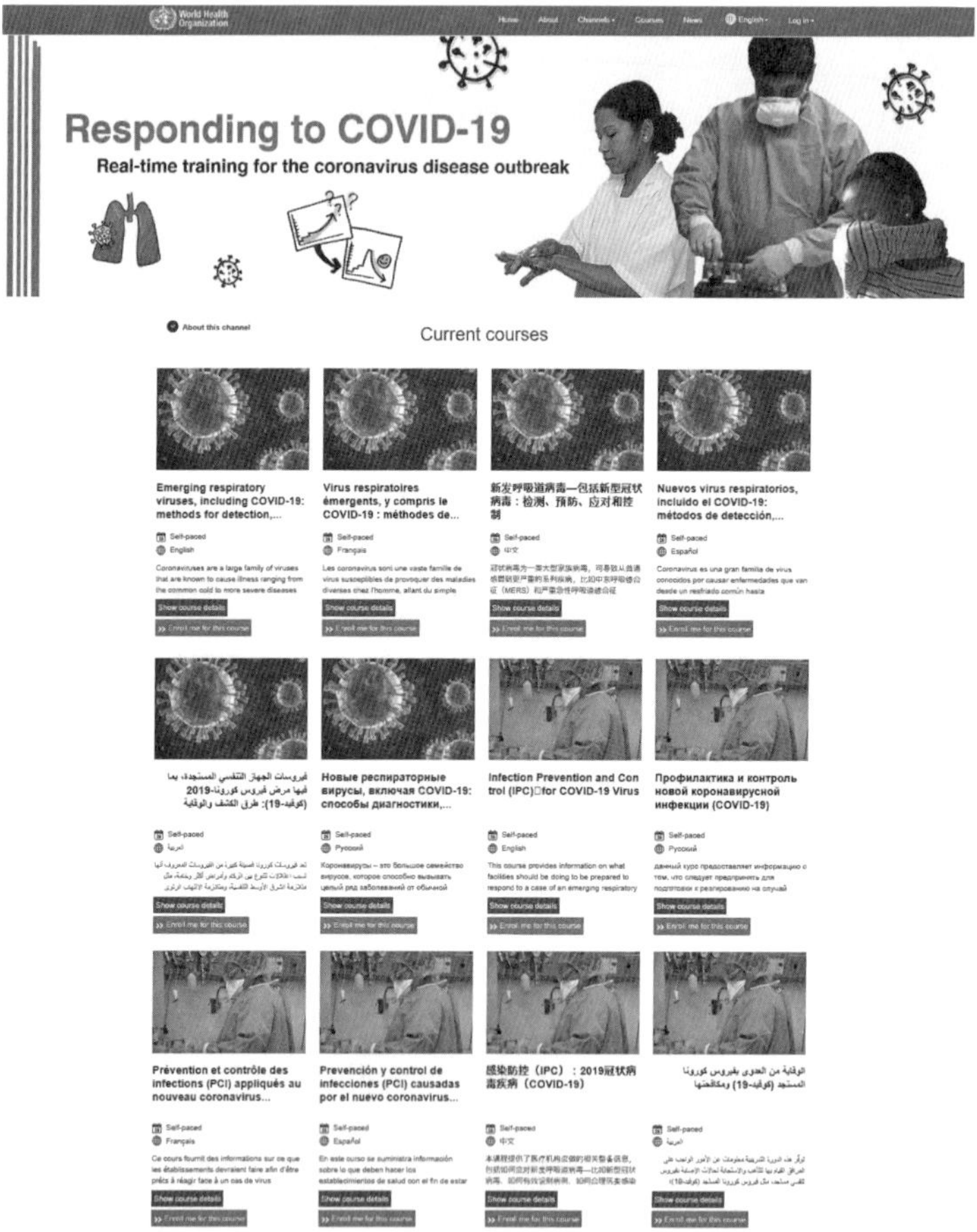

WHO「OpenWHO.org」より引用。https://openwho.org/channels/covid-19

図26｜アメリカ疾病管理予防センターの「Share facts about COVID-19」

Share facts about COVID-19

Know the facts about coronavirus (COVID-19) and help stop the spread of rumors.

FACT 1 **Diseases can make anyone sick regardless of their race or ethnicity.**

Fear and anxiety about COVID-19 can cause people to avoid or reject others even though they are not at risk for spreading the virus.

FACT 2 **For most people, the immediate risk of becoming seriously ill from the virus that causes COVID-19 is thought to be low.**

Older adults and people of any age who have serious underlying medical conditions may be at higher risk for more serious complications from COVID-19.

FACT 3 **Someone who has completed quarantine or has been released from isolation does not pose a risk of infection to other people.**

For up-to-date information, visit CDC's coronavirus disease 2019 web page.

FACT 4 **There are simple things you can do to help keep yourself and others healthy.**

- Wash your hands often with soap and water for at least 20 seconds, especially after blowing your nose, coughing, or sneezing; going to the bathroom; and before eating or preparing food.
- When in public, wear a cloth face covering that covers your mouth and nose.
- Avoid touching your eyes, nose, and mouth with unwashed hands.
- Stay home when you are sick.
- Cover your cough or sneeze with a tissue, then throw the tissue in the trash.

FACT 5 **You can help stop COVID-19 by knowing the signs and symptoms, which can include:**

- Fever
- Cough
- Shortness of breath

Seek medical attention immediately if you or someone you love has emergency warning signs, including:

- Trouble breathing
- Persistent pain or pressure in the chest
- New confusion or not able to be woken
- Bluish lips or face

This list is not all inclusive. Please consult your medical provider for any other symptoms that are severe or concerning.

CDC

cdc.gov/coronavirus

CS 316439-A 04/14/2020

CDC「Share facts about COVID-19」より引用。

賛否両論を呼んだ「実名反論」

ひるがえって、日本政府と関係諸機関のインターネット、なかでもSNS対応は事態が進むにつれて徐々に改善・洗練されていくことになったが、後述するように多くの課題を抱えるものだった。

既知のように日本の公的機関のSNS利用にとって、2011年の東日本大震災が大きな転機となった。東北地方を中心に、首都圏でも生活インフラや家屋の毀損に加えて、携帯電話が混雑して繋がりにくくなった。福島原発事故と放射性物質の拡散も重なった。人々は家族の安否や被害の現状、そして自分たちがどのように振る舞うべきか正確な情報を強く求めた。

日本での普及の初期にあったツイッターだが、テキスト中心の仕様で必要なデータ使用量が少なく、音声通話が困難ななかでも比較的容易にアクセスすることができた。各所で被害情報を共有し、のちにネット発の新たな支援や共助、ボランティアの取り組みがなされ、当時の民主党政権もその利用を推奨した（遠藤編 2011）。

内閣官房や各省庁は新型コロナの発生段階から、インターネットやSNSでも情報発信を行った。今回、新しい取り組みとして注目され、賛否両論を呼んだのが番組名を挙げた「実名反論」だった。テレビの情報番組での出演者の発言内容に対して、政党や行政機関のアカウントが実名を挙げて間違いを指摘した（図27）。

これらの「実名反論」は従来、概ね抑制的な運用がなされることが多い日本の省庁や政党のSNS上のコミュニケーションでは異例だっただけに、驚きと大きな関心をもって受け止められた。だ

図27｜反論する厚生労働省のツイッターアカウント

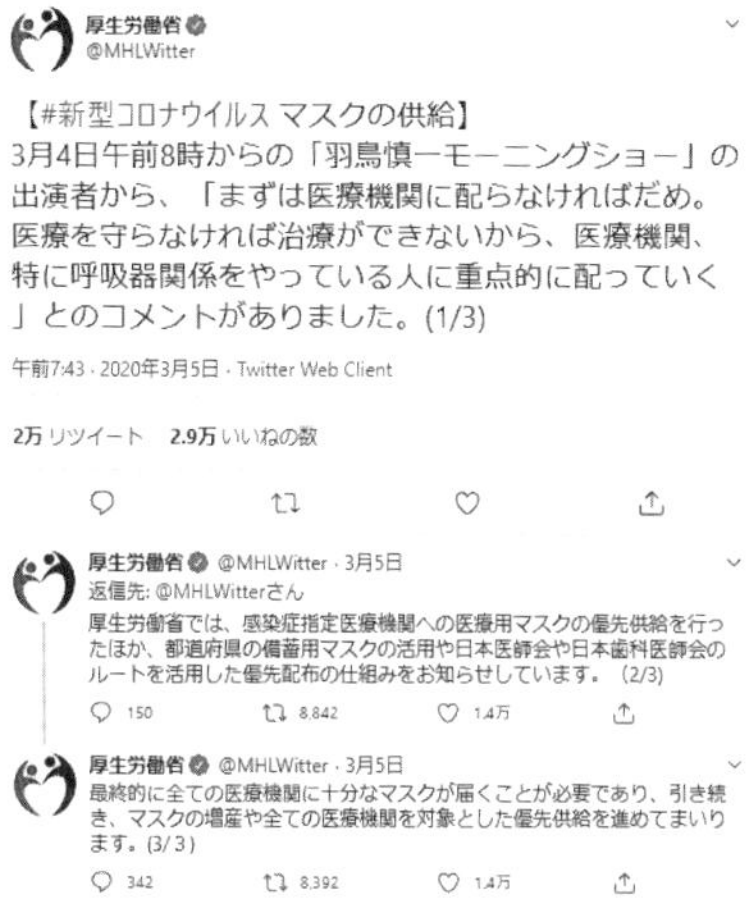
厚生労働省
@MHLWitter
【#新型コロナウイルス マスクの供給】
3月4日午前8時からの「羽鳥慎一モーニングショー」の出演者から、「まずは医療機関に配らなければだめ。医療を守らなければ治療ができないから、医療機関、特に呼吸器関係をやっている人に重点的に配っていく」とのコメントがありました。(1/3)
午前7:43 · 2020年3月5日 · Twitter Web Client
2万 リツイート 2.9万 いいねの数
厚生労働省 @MHLWitter · 3月5日
返信先: @MHLWitterさん
厚生労働省では、感染症指定医療機関への医療用マスクの優先供給を行ったほか、都道府県の備蓄用マスクの活用や日本医師会や日本歯科医師会のルートを活用した優先配布の仕組みをお知らせしています。(2/3)
150 8,842 1.4万
厚生労働省 @MHLWitter · 3月5日
最終的に全ての医療機関に十分なマスクが届くことが必要であり、引き続き、マスクの増産や全ての医療機関を対象とした優先供給を進めてまいります。(3/3)
342 8,392 1.4万

https://twitter.com/MHLWitter/status/1235335031305928706より引用

が、その論調は主にメディアの自由な報道や論評の萎縮を懸念したものだった。

これらのいささか唐突感もある実名反論の背景には、ここまで述べてきたWHOや各国の取り組みが念頭にあったと思われる。すでに言及したように、厚労省はWHOの動向と協調してきたからだ。

ネットやSNS全盛の時代においても、日本のテレビは多くの視聴者に相当の信頼度をもって視聴され、世論への大きな影響力を保持し続けている。そこで明らかに事実誤認の情報がそれなりの確からしさをもって言及されたときのインパクトは、非常に大きいと思われる。

それに対して、省庁が保持する広報ツールを用いて、慎重かつ抑制的に、そして根拠に基づいてなされる「実名反論」はEPI－WINが掲げた「I－S－A－Q」をはじめとする、近年のリスク・コミュニケーションの方針に沿うものになっただろう。

だが現実にはいくつかの課題が残されている。

一つはそもそも省庁側の発信内容にも、多くの曖昧さが含まれていたことだ。厚労省ツイッターは3月6日に、前日の投稿についての「補足」を投稿した（図28）[55]。

3月5日に同アカウントは、「厚生労働省では、感染症指定医療機関への医療用マスクの優先供給を行った」と投稿した。

翌日の投稿は「2月28日にサージカルマスク約41万枚を14自治体、サージカルマスク約18・8万枚を68感染症指定医療機関に対して、まずは優先供給を行った」というもので、両者は矛盾する内容ではなく、確かに事実としては「補足した」といえよう。

しかしリスク／クライシス・コミュニケーションにおいて、先のEPI－WINの基準を引き合いにしても曖昧さの排除と受け手の認識に対する配慮を想起すると、悪意やメディアに対するプレッシャーの意図がなかったとしてもやはり課題が残る。

もう一つは、客観性についての課題だ。内閣官房の新型コロナウイルス感染症対策推進室と自民党による投稿を確認する（図29〜31）。番組コメンテーターの政治アナリストによる「後手」表現に対して批判をする内容だったが、コメンテーターの「主観的論評に対する主観的反論」にとどまっている。「主観的論評に対する主観的反論」は反論の連鎖に繋がりやすく、リスク・コミュニケーション上の必要性には疑問が残る。

図28｜厚生労働省の「補足」投稿

https://twitter.com/MHLWitter/status/1235759671660679169より引用

図29｜反論する内閣官房のツイッターアカウント

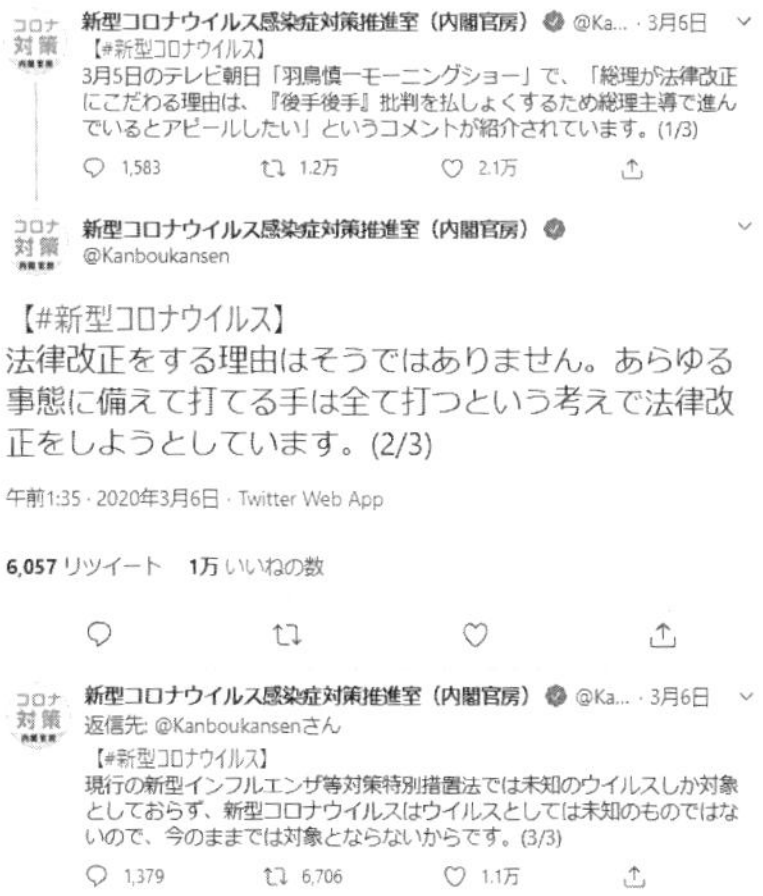

https://twitter.com/Kanboukansen/status/1235604920859889664より引用

図30｜反論する自民党広報のツイッターアカウント①

自民党広報
@jimin_koho

3/4のTBS「Nスタ」で女性出演者が「新型のコロナであるため感染が新しいウイルスであり、私たちには基礎的な免疫がなく普通のインフルエンザよりも罹りやすい」と発言しましたが、厚生労働省は「季節性インフルエンザと比べて感染力は高くない」との世界保健機関(WHO)の見解を紹介しています（1/2）

午後6:02 · 2020年3月5日 · Twitter for Android

4,858 リツイート　**7,361** いいねの数

自民党広報 @jimin_koho · 3月5日
返信先: @jimin_kohoさん
真偽不明の様々な情報が飛び交い、多くの皆さんが不安や疑問を感じておられるかと思います。
首相官邸や厚生労働省には #新型コロナウイルス に関する情報サイトが開設され、随時更新されています。ぜひご活用ください。(2/2)
●kantei.go.jp/jp/pages/coron...
●mhlw.go.jp/stf/seisakunit...

160　1,961　2,827

https://twitter.com/jimin_koho/status/1235490794758238208 より引用

図31｜反論する自民党広報のツイッターアカウント②

自民党広報
@jimin_koho

3/5テレビ朝日「羽鳥慎一モーニングショー」で「総理が法律改正にこだわる理由は『後手後手』批判を払拭するため総理主導で進んでいるとアピールしたい」との政治アナリストの発言がありました。
#新型インフルエンザ等対策特措法 の改正を目指す理由は？(1/2)

午後0:30 · 2020年3月6日 · Twitter Web App

3,633 リツイート　**8,046** いいねの数

自民党広報 @jimin_koho · 3月6日
返信先: @jimin_kohoさん
#新型コロナウイルス はウイルスとしては未知のものではないため「未知のウイルスしか対象としていない」現行の法律が適応できません。不測の事態に備えるため「打てる手は全て打つ」というのが法律改正を目指す理由です。
引き続き、新型コロナウイルス 対策への皆さんのご協力をお願いします(2/2)

210　2,292　5,271

https://twitter.com/jimin_koho/status/1235769647103905792より引用

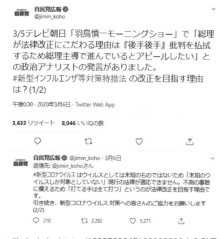

「実名反論」は、新しい政府広報手法の在り方としてネットニュースだけではなくマスコミ各社も注目し、菅官房長官も毎日新聞記者から質問を受けて事態に言及するなど関心が向けられた[56][57]。

だが、前述のように「明確な間違い」こそ見当たらないものの、曖昧さや主観的要素を含んでいたこともあって、世論の受け止めとしては、「メディアの萎縮」や「報道の自由」等を理由にした否定的な論調が主流だった。その後「実名反論」が頻繁に見られていないことからも、当面、政策広報の現実的な選択肢としては除外されたといえそうだ。

問題はそのこと自体であろう。ＥＰＩ－ＷＩＮも述べていたようにＳＮＳ、マスメディアを問わず、感染症とインフォデミックは並行して対処すべきであるということには、リスク・コミュニケーションの専門家コミュニティにおいても一定の合意がなされている。日本においても抑制的かつ慎重になされるのであれば、「実名反論」もそれなりに理にかなったオプションになったはずだ。だが、そうはならなかった。意図はさておき、現実には否定的な印象を強く残したことで、省庁のＳＮＳを用いた反論は「世論の反発を招く」がゆえに、選択しにくいオプションになったからだ。当面、国民の認識は変化しないだろう。

他方、テレビの情報番組は引き続き大きな影響力をもち続けているが、世界的な感染症拡大というレアケースにおいて、必要なリスク・コミュニケーションについて十分共有されているかという懸念も残る。むしろＳＮＳ上のランキングなどを過剰に重要視するようになったがゆえに、国内での新型インフルエンザの感染拡大当時に一定程度機能した、省庁の勉強会などでメディアの共通認識を形成する手法が、機能しにくくなっているようでもある。

テレビの影響力については従来、様々な指摘がなされてきた。だが新型コロナの感染拡大下においても問題は解決されないまま、重なったいくつかの瑕疵《かし》によって、現実的な選択肢の一つが排除されることになった。

古い課題は新たな懸念として、将来に引き継がれることになった。

「耳を傾けすぎる政府」

新型コロナに関連して、社会、政治における客観と主観のズレ、さらに忘却に関する問題を取り上げてきた。

ここまで例示してきたように、新型コロナで生じた問題のいくつかは、新型インフルエンザの感染拡大などにおいて規模は違えども一定程度、先取りされていたものであった。そうであるにもかかわらず似たような「失敗」を繰り返しているように思える。新しい問題と、以前から存在した構造的な問題が輻輳をきたしているように見える。

以下において、政治とメディアに関して新旧の問題を指摘してみたい。

よく知られるように、2019年に安倍晋三内閣は憲政史上、歴代最長政権となった。第2次安倍政権は、小泉政権以来の久々の長期政権となり、「安倍一強」と呼ばれた。

その背景や理由を模索する書物も多数記されてきた。長期政権に至るまでには、経済政策としての（しかし途中幾度も内実を変えた）「アベノミクス」、2度の消費税率引き上げ断行、2015年の集団的自衛権解釈の変更、原発再稼働方針、投票年齢の引き下げ（投票権拡大）や参議院選挙区における合区《ごうく》と全国比例への特定枠の導入（に伴う参議院の議席増）など、大掛かりな仕事を手掛けてきた。

また森友学園問題や加計学園問題など、従来であれば政権を揺るがすような政治スキャンダルに幾度も遭遇した。だが、安倍政権はそのたびごとに課題を超克《ちょうこく》してきた。

このような豪腕をイメージさせる姿とは裏腹に、新型コロナ対策とちょうど重なる時期に政権が「耳を傾けすぎる政府」へと追い込まれたというのが本書の見立てである。ここでいう「耳を傾けすぎる政府」とは政治が効果や合理性よりも、可視化された「わかりやすい民意」をなにより尊重しようとする政治の在り方のことだ。

自由民主主義の社会における政治は、言うまでもなく民意に耳を傾けるべきだ。だが、民意と広義の政治（システム）のあいだには政策に関連する情報の非対称性が存在する。情報収集にかけられるコストと蓄積、ネットワークの違いなどが主たる理由だ。

民意は常に正確ではないし、合理性や効果に基づいた批判や提案をするとは限らない。また自由主義国家においてはそれで構わない。正確な認識とは別に、自由な（政治）表現が保障されていることは、まさに自由民主主義の価値である。（表現の）自由は強力に保障されるべきだ。

そうであるからこそ、政治と社会は本来対話を重ねることが求められ、両者が合意に至らないときには言葉を尽くした説明と、ときには説得や決断が求められる。古典的な政治家における責任倫理と心情倫理のせめぎ合いでもある。

しかし、ここでいう「耳を傾けすぎる政府」はそれらを省略する。耳を傾けすぎる政府はとにかく「わかりやすい民意」に「反応」しようとする。説明と説得には多くの政治的コスト、それから時間を要するからだ。「反応」とは局所最適化のことでもある。

「わかりやすい民意」は象徴的で、可視化されていることが好ましい。計測しやすい指標は、随時、修正が可能で、『民意』に応えている」か否かを把握することも容易だ。ワイドショーでの好意的評価や「ネットでの話題」などは、「わかりやすい民意」の象徴といえる。

筆者はこれまでにもネット世論やテレビ世論に対応しようとする現代日本の政治／行政の姿を多角的に描写してきた（西田 2015, 2018）。

インターネット、とくにSNSを中心にした「民意」は世論調査などとは異なり、統計的な妥当性をもたず、補正もなされていないことが多いが、記述的統計やランキングを通して、さも民意であるかのように扱われることが多々ある。

現代の政党、政治家は与党か野党かを問わず、そのような新しい情報環境に適合し、体制を整えてきた。2013年の公職選挙法改正に伴う広範なインターネット選挙運動の解禁以来、戦略的な発信の取り組みを試行錯誤してきた（西田 2013 岡本 2017）。

少し前には若者の政治への関心改善や、オンライン熟議のようなものの活発化への期待も高まったが、現状はマクロでそういった傾向は観察されておらず、もっぱら政党や政治家、候補者らのオンラインでの発信量増加とキャンペーンの高度化が中心である。

政治行政のネット利用、SNS利用は、一般的な生活者がそれらをもっとも身近なメディアとして利活用するようになった現状に対する適応行動にほかならない。そこで最近の日本のメディア環境のトレンドについてごく簡潔に言及しておく。

総務省の『令和元年版 情報通信白書』によると、日本の全世帯のインターネット普及率は近年80％前後で推移している。この数字は少子高齢化の影響を強く受けていると考えられ、59歳以下世代に限定すると9割を上回る。

インターネット・アクセスの手段としては、2010年にモバイル機器全体がパソコンを上回った。17年にはスマートフォンがパソコンを上回ってもっとも使われる機器としての地位を獲得し、18年では調査対象の6割の人が何らかのSNSを利用している。

SNSの近年のトレンドは、画像、映像、音声といったイメージの主役化であり、非テキスト化である。これはインターネットへ接続する回線の大容量化と通信速度の高速化、低価格化などに伴った動きといえる。それを受けて、SNS上のコミュニケーションがテキスト中心から画像、音声、映像等を中心としたもの（「非テキストSNS」）へと移行している。ユーチューブ、インスタグラムやTikTok、それからライブ配信アプリのようなものが具体例だ。

これらの普及は、日本では若年層と女性を中心に進んでいる。言い換えると、政治と行政がもっとも訴求を不得手としてきた層でもある。それだけに、政治や行政は、これらを活用した広報や動員に強い関心を示している。

与野党ともに進むSNS利用

政治行政でも「インスタ映え」を狙ったと思《おぼ》しきキャンペーンが近年頻繁に認められるが、それらは未だ試行錯誤の域を出ない。例えば2018年自民党総裁選挙では、陣営はインスタグラムにアカウントを開設し、投稿を行った（図32）。

また最近では多くのSNSアカウントを運用する首相官邸だが、2017年末にインスタグラムのアカウントを開設し、総理の近況などを投稿している（図33）。投稿の「センス」は日々改善され、平成から令和への改元に際しては、予約投稿機能などの活用にも注目が集まった。

自民党は従来、政党としてのSNS活用に積極的に注力し（西田 2015,2018）、政治キャンペーンへの非テキストSNSの活用を試行錯誤している。2019年の「#自民党2019」はその代表的な事例だ（図34、35）。

SNSを活用し、オンラインとオフラインを横断したこの政治キャンペーンは、次のようなコンテンツで構成されていた。

図32｜自民党総裁選におけるインスタグラム活用例

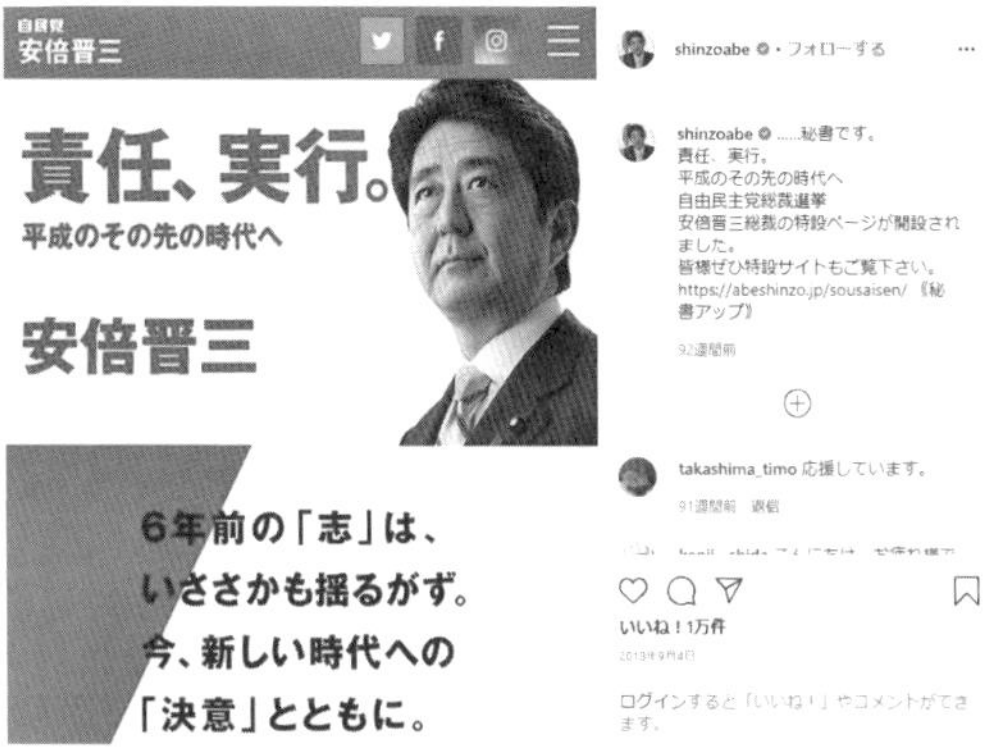

安倍晋三インスタグラムアカウントより引用。
https://www.instagram.com/p/BnTHm93n02g/

図33｜首相官邸インスタグラムアカウント（@kantei）の最初の投稿

https://www.instagram.com/p/BdMRB7yBh1T/
より引用

図34｜「#自民党2019」のビジュアルイメージ

自民党「#自民党2019」プロジェクトの公式サイトより引用。
https://jimin2019.com/#page01

◦プロジェクト特設サイトFILM：#自民党2019
◦「新時代」アート広告：#自民党2019
◦「新時代の幕開け」ビジュアル展開：インスタグラム開設・グッズリニューアル
◦ファッション展開：「NEW GENERATION」"ViVi girl"メッセージTシャツ
◦ニュースサイトとコラボしたクイズ大会「日本政治王決定戦」

自民党は党是である憲法改正の広報においても、SNSを活用している（図36）。SNSの活用は、政府・与党だけではなく野党でも進む（図37）。例えば2019年3月、日本共産党が日本の政党で初めてTikTokにアカウントを開設。志位委員長がピアノでショパンを演奏する姿を投稿して話題となった。共産党のTikTokの投稿をスクリーンショットしたツイッターの動画は、2019年3月25日時点で26・4万回再生された（投稿のリツイートは2487件、「いいね」は5915回）。

明らかになるのは、良し悪《あ》しとは別に、政府、そして与野党問わず日本の広義の政治におけるSNS利用と、キャンペーンの試行錯誤だ。「耳を傾けすぎる政府」は、パターン化したメディアや社会、政治の課題とも密接に関連する。

筆者は、近年の情報化や生活者における日本的民主主義の共通感覚、政治教育上の課題による現在進行系の政治を考え、語る機会の乏しさなどから、「有権者が、知識や論理に基づいて理性的に

図35｜「グノシーQ スペシャルウィーク　日本政治王決定戦」

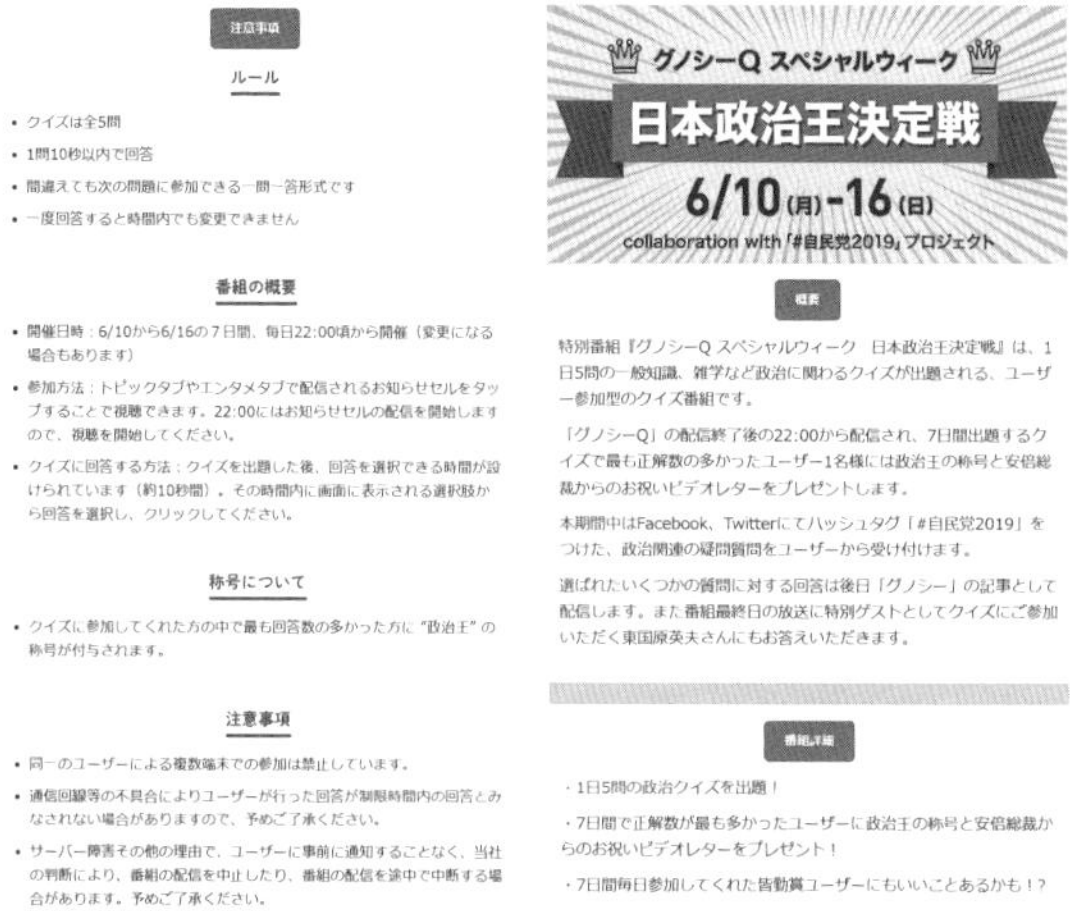
注意事項
ルール
• クイズは全5問
• 1問10秒以内で回答
• 間違えても次の問題に参加できる一問一答形式です
• 一度回答すると時間内でも変更できません
番組の概要
• 開催日時：6/10から6/16の７日間、毎日22:00頃から開催（変更になる場合もあります）
• 参加方法：トピックタブやエンタメタブで配信されるお知らせセルをタップすることで視聴できます。22:00にはお知らせセルの配信を開始しますので、視聴を開始してください。
• クイズに回答する方法：クイズを出題した後、回答を選択できる時間が設けられています（約10秒間）。その時間内に画面に表示される選択肢から回答を選択し、クリックしてください。
称号について
• クイズに参加してくれた方の中で最も回答数の多かった方に“政治王”の称号が付与されます。
注意事項
• 同一のユーザーによる複数端末での参加は禁止しています。
• 通信回線等の不具合によりユーザーが行った回答が制限時間内の回答とみなされない場合がありますので、予めご了承ください。
• サーバー障害その他の理由で、ユーザーに事前に通知することなく、当社の判断により、番組の配信を中止したり、番組の配信を途中で中断する場合があります。予めご了承ください。
グノシーQ スペシャルウィーク
日本政治王決定戦
6/10(月)-16(日)
collaboration with「#自民党2019」プロジェクト
概要
特別番組『グノシーQ スペシャルウィーク　日本政治王決定戦』は、1日5問の一般知識、雑学など政治に関わるクイズが出題される、ユーザー参加型のクイズ番組です。
「グノシーQ」の配信終了後の22:00から配信され、7日間出題するクイズで最も正解数の多かったユーザー1名様には政治王の称号と安倍総裁からのお祝いビデオレターをプレゼントします。
本期間中はFacebook、Twitterにてハッシュタグ「#自民党2019」をつけた、政治関連の疑問質問をユーザーから受け付けます。
選ばれたいくつかの質問に対する回答は後日「グノシー」の記事として配信します。また番組最終日の放送に特別ゲストとしてクイズにご参加いただく東国原英夫さんにもお答えいただきます。
番組詳細
・1日5問の政治クイズを出題！
・7日間で正解数が最も多かったユーザーに政治王の称号と安倍総裁からのお祝いビデオレターをプレゼント！
・7日間毎日参加してくれた皆勤賞ユーザーにもいいことあるかも！？

https://live.gunosy.com/programs/31/664/より引用

図36｜自民党アカウントにおける憲法改正議論を呼びかける投稿

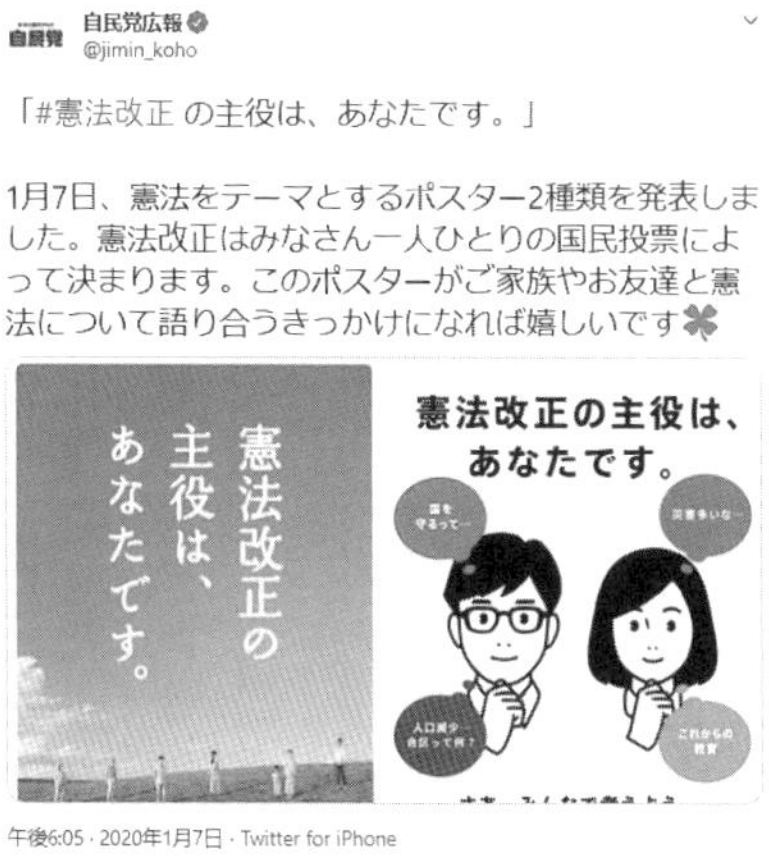
自民党
自民党広報
@jimin_koho
「#憲法改正 の主役は、あなたです。」
1月7日、憲法をテーマとするポスター2種類を発表しました。憲法改正はみなさん一人ひとりの国民投票によって決まります。このポスターがご家族やお友達と憲法について語り合うきっかけになれば嬉しいです
憲法改正の主役は、あなたです。
憲法改正の主役は、あなたです。
午後6:05 · 2020年1月7日 · Twitter for iPhone

http://twitter.com/jimin_koho/status/1214473085304229889より引用

政局を認識することができず、また政治も印象獲得に積極的に取り組むことで、『イメージ』によって政治が駆動する状態」、つまり「イメージ政治」についての議論を行ってきた（図38）。

選挙運動、政治活動における、画像と動画、ＡＩと予測、スコアリング、マイクロターゲティングなどの活用はイメージ政治を加速させ、選挙運動と政治活動の区別をいっそう困難にするだろう。脊髄反射的反応と「合理的選択」の提案を容易にするとともに、態度変容といった古典的民主主義の構成要素を変質させてしまうという議論である。

社会の諸要素が変容し、イメージが新しく政治争点化し、政治システムに入力され、インターネット選挙運動などの解禁や、若年世代と多様化・細分化した無党派層を取り込む必要から政治も呼応し、社会に新しい政治イメージを投げかけていくことが繰り返され、論理ではなく、イメージが政治を突き動かす姿だ。

ただしＳＮＳを主戦場とする「耳を傾けすぎる政府」の多くは、従来の意味での政治論争でも、理念を問うものでもない。メディアの技術、サービス環境の変化を踏まえたイメージ発信の戦略、戦術の高度化が進み、有権者の好印象の獲得を競う新たな「政治」像の端緒が、そこには見え隠れする。その「政治」的なものの姿が有権者にとって好ましいものになるかどうかは、功罪の慎重な検討や必要に応じた規制の在り方によって変わってくるだろう。

報道によれば、安倍政権は新型コロナ対策の渦中でも「民意」の動向に強い関心を示した。コロナ対応に当たる政権もまた「耳を傾けすぎる政府」だった。

図37｜2020年3月の主要政党の公式SNSフォロワー数の比較（一部概数）

	ツイッター	ユーチューブ	フェイスブック	インスタグラム
自民党	19万	5.36万	11万	2.4万
立憲民主党	17.7万	8440	6.1万	837
国民民主党	2万	4720	3133	1529
公明党	8.5万	4.08万	3.6万	2.1万
共産党	8.5万	4万	1.6万	−
日本維新の会	3.3万	6300	8133	−
れいわ新選組	7.8万	9.1万	3.1万	1.2万
N国	1.3万	4.2万	−	−

図38｜イメージ政治の模式図

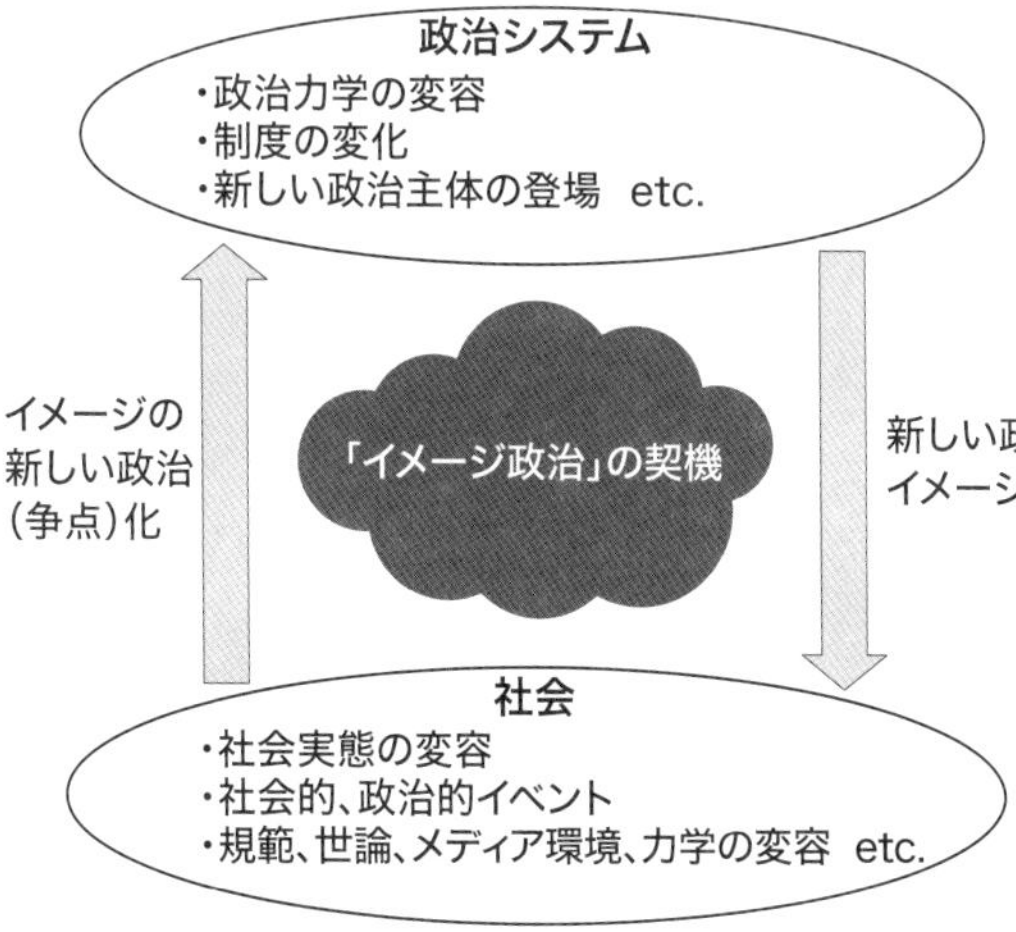

（2点とも筆者作成）

朝日新聞は2020年2月19日付け朝刊4面で「検証・新型肺炎チャーター機派遣 ネット上に批判 政府二転三転」と題して、「『ネットでこう批判されているぞ』『テレビの全チャンネルで言われている』——こんな官邸幹部の反応が、政府の新型肺炎への対応に影響していると官邸関係者は証言する」と書いた。

なぜ新型コロナ対策において、政権は「耳を傾けすぎる政府」と化したのだろうか。

まず内閣支持率の急速な低迷を指摘することができる。危機において政権支持率は向上するとされているが、この間の内閣支持率はどうか。内閣支持率は各社によって異なるが、5月に入って支持率、不支持率が逆転するものが多い。例えばNHKの調査を見てみよう（図39）。月末にかけて緊急事態宣言解除に向かったはずなのに内閣支持率は急落し、不支持率が支持率を上回った。また新型コロナ対応でも、否定的な評価が半数を上回る。

支持率低下は、野党の政党支持率が軒並み低いままだとはいえ、懸念材料となったことは間違いないだろう。

なお自民党の党則は、自民党総裁は3期までと定めている。そのため党則改正がなされない限り、安倍総理は自民党総裁として最後の期を迎えることになる。

政権が機能しないレームダック化が懸念される時期であることに加えて、前年の2019年に日本政界の鬼門とされる消費税率の8％から10％への引き上げを断行したことも重なった。複雑な軽減税率や対象の不明瞭さも含め、導入過程の評価は好ましいものではなかった。

図39｜2018〜2020年の内閣支持率の推移

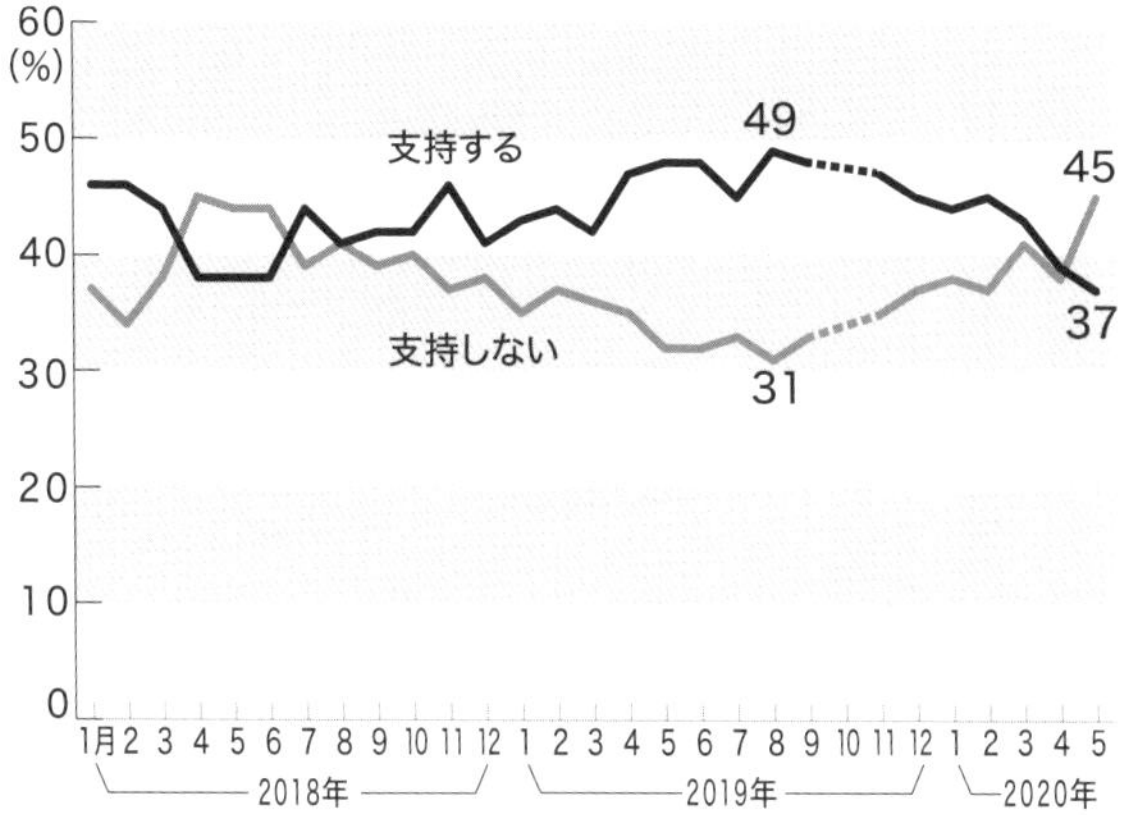

■ 新型コロナ 政府の対応の評価

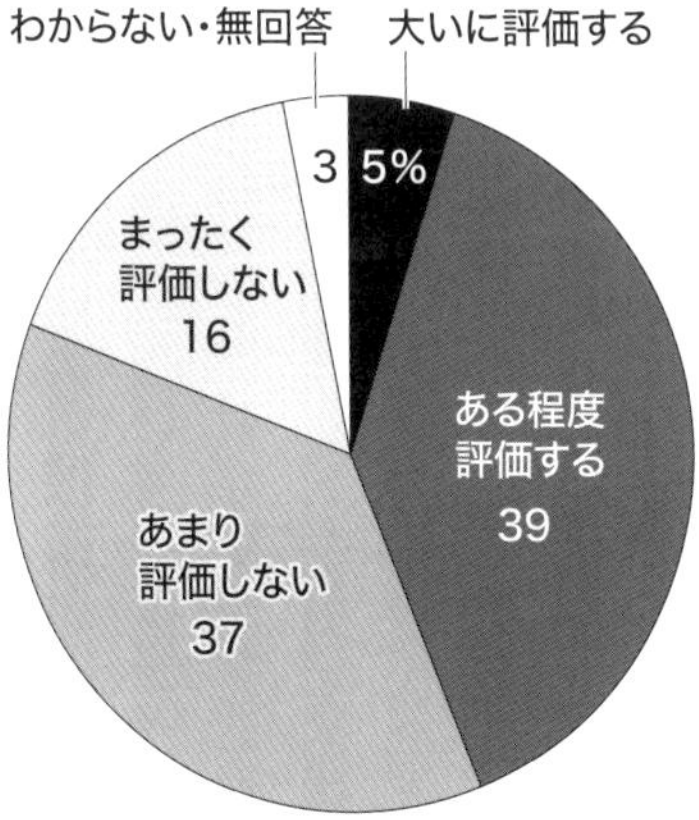

NHK選挙WEBより作成。https://www.nhk.or.jp/senkyo/shijiritsu/archive/2020_05.html

さらに日本政治の、生活者の認識上の構造的課題を挙げることもできる。例えば内閣府が実施する定点観測的な「社会意識に関する世論調査」のなかの「国の政策への民意の反映程度」の推移に注目してみよう（図40）。

政権交代や社会的出来事があったにもかかわらず、昭和末は言うに及ばず、平成を通して、一貫して民意が「反映されていない」回答が「反映されている」回答を上回っている。

政治、政策に対する主観を問うた設問だが、昭和末から平成を通して一貫しているだけに、日本社会は潜在的に政策と、政策を実施する政府に不満をもっていたと見なすことができる。

それらは景気や雇用など他の変数の影響もあって表出していなかったと思われるが、新型コロナによる制約と対策への主観的不満は、広く国民が有事を共有したことで、「被害者意識」となって強く政治不信に向かい始めたのではないか。

重なった政治スキャンダル

並行して、いくつかの政治スキャンダルに高い関心が集まった。一つは、ほぼ毎年総理が主催してきた「桜を見る会」の開催をめぐるものである。

芸能人をはじめ各界著名人を集める同会だが、年々規模が拡大していた。のみならず、反社会的勢力関係者らの参加疑惑、また総理周辺や自民党関係者の招待客を不適切に差配していたのではないかという疑惑、前夜祭の実施や受注の不適切さに関する疑惑などが噴出し、メディアなどは強く

図40｜国の政策への民意の反映程度

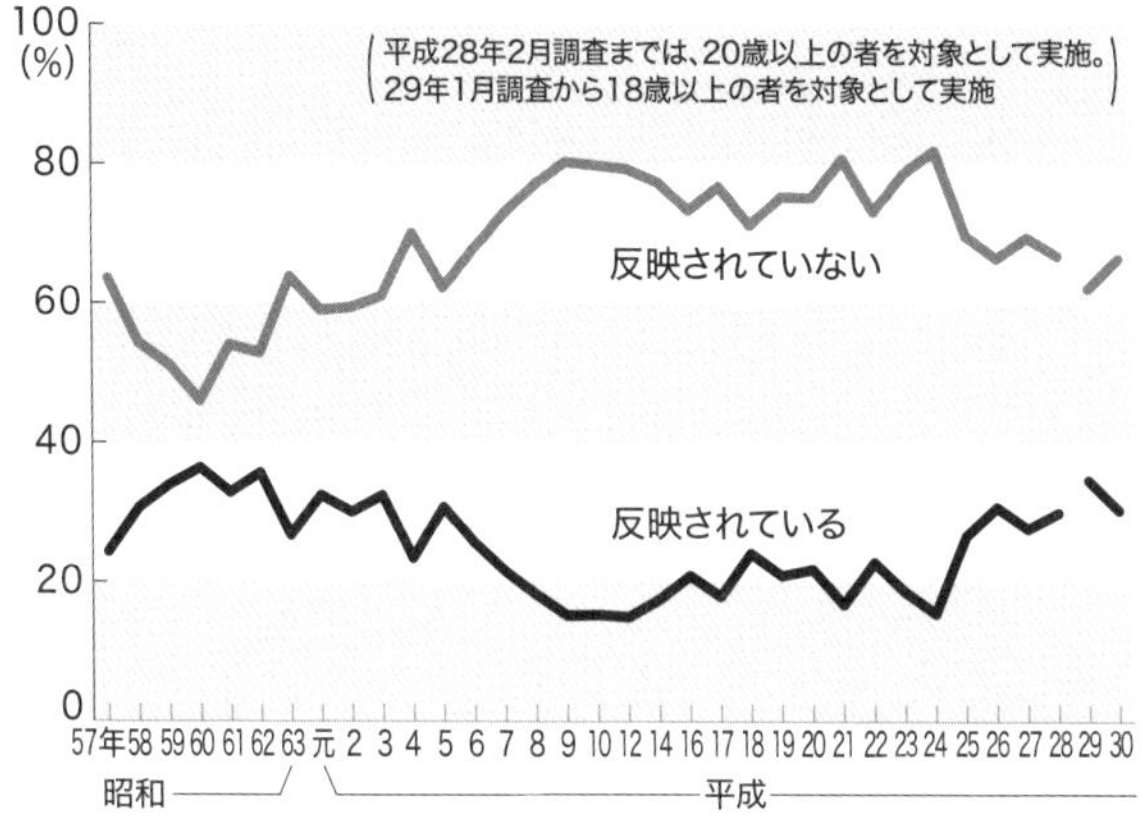
100 (%)
80
60
40
20
0
平成28年2月調査までは、20歳以上の者を対象として実施。
29年1月調査から18歳以上の者を対象として実施
反映されていない
反映されている
57年 58 59 60 61 62 63 元 2 3 4 5 6 7 8 9 10 12 14 16 17 18 19 20 21 22 23 24 25 26 27 28 29 30
昭和
平成

内閣府「社会意識に関する世論調査」より作成。
https://survey.gov-online.go.jp/h29/h29-shakai/zh/z15-2.html

批判した。

もう一つは、検察官の定年延長問題である。2020年に入って、特定の検事長の定年延長が閣議決定された。しかし政治との距離感、また国民からの信頼が重要とされる検察だけに、検察庁法に規定がなく従来解釈では検察官の定年は延長できないとされてきたところを、国家公務員法を根拠として定年延長を実現した。

こちらは注目の度合いこそ低かったが、その後に思いもかけない反発を引き起こすことになった。

年金受給開始年齢の選択制と実質的な支給開始年齢の引き上げを念頭に、国家公務員等の定年年齢引き上げを目的とした国家公務員法の改正案が3月13日に国会（第201回通常国会）に提出された。[58] 同改正案は前述の閣議決定の内容をほぼ踏襲し、検察庁法も一括改正し検事総長や検事長の定年年齢の引き上げを規定していた。同改正案が衆議院内閣委員会で審議入りした際に、「#検察庁法改正案に抗議します」というハッシュタグがツイッターに投稿された。

このハッシュタグはかつてないほどに活用され、突如として数百万リツイートされた。転送された人の数は数千万単位に上るのではないか。普段政治について積極的な書き込みをしない著名タレントらの投稿も相次いだ。「ツイッターデモ」と呼ばれ、メディアでも頻繁に取り上げられた。5月18日に安倍総理は、今国会での成立を見送るとともに特例部分は国家公務員法に合わせることになった。

既知のとおり、安倍総理は与党・自民党総裁を兼ねている。「選挙の顔」であることが、政権の求心力の源泉でもある。そして選挙を乗り切ってきた安倍政権の実績が大きな陰《かげ》りを見せたのである。それは何も新型コロナ対策のみならず、ここまで述べてきたような複数の新旧のインシデントが同時期に生じたことと関係すると考えられる。

実際には安倍長期政権は、公明党支持者を含めて支持層を固めきることで、低投票率のなかで手堅く、選挙を勝ち抜いてきた。強固な支持基盤が政権の党内権力の源泉となった。

野党分裂の事情もあり、短期の選挙戦術としてはそれで問題なかったどころか結果的には最長政権を樹立した一方で、「国民全員」を対象とした措置が求められる際には、「不安」と不信感情が対策上のリスクとなった。

独り歩きする不安と不信の矛先は、デモをはじめ各国で多様な表出を見せた。しかし直接、政権不支持に向かったのは日本の特徴だった。その渦中で政治はますます民意の表層をすくおうと躍起になったが、国民はますます政治を信頼しなくなるという悪循環が生じている。コンサルティング企業のエデルマン・ジャパンは4月に実施した調査のなかで、新型コロナ対策について対象11カ国中、日本だけが2月に公表した調査と比べて政府に対する信頼度が低下したことを明らかにした。[59]

本書冒頭で言及したように、累積死亡者数や感染状況といった客観的指標では、日本の状況は世界最低どころか相対的には非常に好ましいものだった。それでも政府やその対応への不満が生じるという一見不可思議な事態である。

耳を傾けすぎた結果、残された禍根

新型コロナ対応の客観的成果と、国民の主観的評価は大きく乖離《かいり》し続けている。むろん政権自らが不信を撒《ま》いてきたツケでもあるわけだが、「耳を傾けすぎる政府」戦略がさらに国民の理性を歪《ゆが》ませている。国民の視線に立つとき、日本の政府対応の全体像と方針の予見可能性は全く見通し難いものになっている。

本来、主導役であるべき政治が、徐々に機能不全を起こし対策を妨げるノイズと化し、新型コロナ対策にも干渉している。例えば2020年度第1次補正のなかの世帯給付をめぐる顚末《てんまつ》があった。当初案では住民税非課税世帯と収入急減世帯に30万円を配ろうとする政策だった。

事業者への給付措置と異なり、需要不足へのテコ入れとしての個人や世帯への現金等給付は一定程度、理解可能だ。しかし現実に国が個人の実住所も、口座番号も把握していない以上、「全員給付」には多くの時間を要する。申請と審査は自治体が担うほかないが、新型コロナの影響で稼働が限定的になっていた。申請式にせざるをえない以上、申請件数を限定しないと実施に時間がかかることは明白だった。リーマン・ショック後の定額給付金でも、同様の課題が明らかになっていたためでもある。

ところが、当初案はネットをはじめとする世論には不人気だった。「小規模」で「後手」批判がなされ、すでに確認したように世帯の人数に10万円を掛けた金額が配分される方針に変更された。しかし家賃や電気代、水道代などの固定費は世帯の人数に比例するわけではない。また母子家庭はじめ、困窮者の世帯人数は少ないことが知られている。またこの変更で、補正予算の修正が必要になり成立が遅れた。

このとき果たして、政策変更は本当に合理的で好ましいものだっただろうか。

第1次補正の成立は遅れ、必要な予算規模も増額した。学生限定の給付措置、家賃給付など、効果と公平性が明確にならないままで、かといって立法を伴わない対策が第2次補正にかけてますます乱発されていった。なぜ数多の固定費のなかで家賃だけなのか、同世代の困窮者のなかで学生だけが支援されるべきなのか、広く適切な説明が行われたとはいえまい。例えば家賃支援では設備を所有する、製造業の工場等の助けにはならない。光熱費や原材料費の補助でもよかったはずだ。なお地域の小売店や飲食業の業界団体は総じて、自民党の有力な支持層でもある。

新型コロナ対策の過程における「耳を傾けすぎる政府」は、以前から存在したイメージで動く政治のなれの果てではなかったか。

政策批判や対策を求める国民に向けて、広く状況の正確な把握や理解を求めるのは、現代社会において極めて困難なことである。情報の過剰性、不正確さ、画一的な誤解が見られる場合には政府が正しく機能しない可能性は高い。ジャーナリストや専門家といった誰かが正確性やわかりにくさを補正するべきだが、それらもまた十分になされなかった。しかし機能しない政策のツケは、現在のみならず中長期のリスクを生み出すことになる。

東日本大震災の復旧復興のために我々は復興加算を所得税で2037年末、住民税では23年度まで負担し続けることになっている。もちろん復興加算のように時限付きで、直接期限を区切って負担、返済するのがよいのか、国債にしてしまうのがよいのか、どちらも一長一短だが、少なくとも議論はなされるべきだ。

一連の「緊急経済対応策」と第1次補正、第2次補正あわせて世界屈指の規模となった日本の新型コロナ対策のコストは、巨額の赤字国債を発行してまかなうことになった。換言すれば、すでに多額の債務を抱えた日本にさらなる負担が残され、将来の政策裁量に制限を加えることになった。

しかし世論はその負担の姿はおろか、自国政府の対応が「小規模」で「後手」だと信じ込んでしまっている。こうした認識ギャップは将来にわたって、日本社会に大きな禍根を残すだろうが、その禍根は認識さえされない可能性すら否定し難いものがある。

第4章

新しい冗長性の時代

突きつけられた、古くて新しい問い

本書は、新型コロナウイルス感染症（新型コロナ）の国内感染拡大によって、主観と客観をめぐって生じる社会と政治（政策）、メディアを横断する問題を論じてきた。言い換えれば、本書が描いたのは、パターン化した構造的課題を抱えた政治システム、影響力の強いメディア（システム）、人々の認識が、新型コロナの感染拡大という新たな事態に直面し、新たな政策や対処方針を決定、混乱しながら受容する動態であった。

新型コロナの感染拡大は、この国では地球科学的な理由で頻発する巨大地震や津波、豪雨災害といった激甚《げきじん》災害の陰に隠れているが、繋《つな》がった／繋がりすぎた世界においてパンデミックがいつ生じてもおかしくない問題であることを明らかにした。

自然災害には相当の経験と備え、計画が行われてきたが、感染症についての、とくに社会の側のそれは十分とはいえず、感染という厄介《やっかい》な特質もあって、多様な不安を惹起《じゃっき》することが明らかになった。野放図の不安は社会に予見し難い不安定さをもたらし、対策を含む政治不信等の派生的リスクを生み出すことも同様だ。

ところで新型コロナの感染拡大について、中国の責任を問う論調は国内外で根強いが、例えば麻疹《はしか》について、日本も「麻疹の輸出国」と見なされていることを看過すべきではない（國田・田代2003）。十分な対策がなされてこなかったことが理由で、アメリカやブラジルなどで集団感染を引き起こしたことが知られている。

改めて振り返っておくと、本書の論理は次のようなものであった。まず新型コロナの発生から国内での認知と対処、緊急事態宣言の発出から解除、2度の補正予算成立を中心とする広義の政治、社会的な事象と過程について、それぞれ公開資料と報道資料を中心に検討、分析した。

多くの批判が向けられているが、初期の日本政府の対応は、（客観的な事後評価はそれぞれ追ってなされるべきだが）概《おおむ》ね法律が定め、各種計画に則って、また事前の備えや訓練のとおりのものであった。しかし例外として発生したクルーズ船対応は、対応の正否というより、国際法上の対応についての理解の乏しさ等の理由で国内外から強い批判と不信を招いた。

総理会見は初回に躓《つまず》き、都度の対応策についても、効果や過去の経緯を具体的に説明したり、反対意見や野党指摘に対して言葉を尽くして説得したりする姿勢は認められず、メディアも過去の経緯を振り返りながら専門的知見を咀嚼《そしゃく》して国民に十分に周知させることはできなかった。我々は過去の経験をすっかり忘却してしまい、ワイドショーとSNSの共犯関係のなかで、教訓を活《い》かすことなく反復したこともあった。感染拡大もさることながら不安もまた、ますます募るばかりだった。こうした「感染の不安／不安の感染」が政治不信を招き、効果的な新型コロナ対策にも悪影響を及ぼしている。

国民は全国一斉休校や、2カ月近く続いた外出自粛、営業自粛などの非日常の負担を強いられたが、WHOがさしあたり日本の達成を高く評価したように、2009年の新型インフルエンザ同様、感染者数、死亡者数は世界的にも非常に低い水準に抑えられた。

しかしその過程の後半にかけて、感染状況などの急変や政治スキャンダルなども重なり、一強政権の内閣支持率が急落した。徐々にわかりやすい「民意」をくもうとする「耳を傾けすぎる政府」と化した。

功を焦ったのか、根拠と効果の不明な給付措置など前例を踏まえずに「大胆な決定」「大胆な政策」が乱発されるようになった。しかし過去の経緯を踏まえながら複雑に張り巡らされた現代の規制において、様々な制約条件や前例を無視して解決できるほどの妙案は、現実にはほとんど存在しない。

「大胆な決定」「大胆な政策」なるものは、たいていどこかに陥穽《かんせい》が潜んでいる。実際、目玉だったはずの給付措置は、コロナ禍で実務を担う自治体の稼働が制約を受けるため、現実には迅速《じんそく》な実施はできていないし、二重給付（酷い場合には三重給付！）や電子申請の中止といった混乱を各地で招いている。

前例を踏襲しない政府が何を決定し、また国民が政府に何を求めるのかは論理的にまったく見通し難いという意味において、予見可能性は低下の一途をたどっている。

しかし、政府の新型コロナ対策の予算は2020年度予算、2度の緊急経済対策と2度の補正予算とをあわせると、世界的にも類を見ない規模にまで積み上がった一方で、合理性、妥当性、透明性に対する異議申し立てが多数行われている。事業の受注過程に関する不正疑惑から、支援事業の実施遅れに関するものまで枚挙にいとまがなく、本書で論じたような政治に対する不信感と「遅れ」批判、「後手」批判も根強いままだ。

本書の結論は、通説とは真逆だが、政府の計画や事前の備えは一定程度合理的に理解できるものだったが、政治が主導権を取り始めるにつれて、「不安のマネジメント」に失敗し対応が場当たり的となり、根拠も効果も不明になっていったというものだ。それらは政治的決定が民意に影響されるという自由民主主義社会ならではの姿であり、いつでも繰り返されうるものともいえる。

本来、優先的かつ急速な支援が必要でありながら、声を上げにくいか声量が小さい社会的弱者に対する支援が「民意」を理由に遅滞したり、手薄になったりした可能性は看過できない。生活困窮世帯にせよ、母子世帯にせよ、自己責任を重んじる風潮から平時においても十分にその声と姿が正しく社会で認識されているとはいえない存在だが、コロナ禍や給付措置の変更をどのように受けとったのだろうか。メディアもそれらを十分に報じていないのではないか。

人々の認識とバイアス、規制を論じたキャス・サンスティーンは「民主主義政府は、人々の価値観に対してこそ対応すべきであって、彼らの大きな過誤に対してではない」という（Sunstein 2005=2015：173）。不安と被害者意識、脊髄《せきずい》反射的反応が横行する時代を背景に、その意味をよく考えてみるべきだ。人々が忘れた事実や経緯があるなら、政府はそれをよく説明し、ときには人々を説得する必要がある。

良識的な中庸はいかにすれば可能か

本書執筆時点において、さしあたり第1波を乗り越えたようにも見えるが、その側《そば》から北九州での新規感染者の増加や、東京でも「夜の街」での感染拡大が続く。ワクチンや特効薬が開発されたわけでもなく、依然として予断を許さない状況である。グローバルどころか国内の人の往来すら大幅に減じたままである。東京五輪は開催困難か、開催できたとしても、アスリートは十分準備できていないだろうし、選考会どころではない国も多そうだ。スポーツそれ自体が有する集団的、集合的性質がどの程度許容できるのかも定かではなく、仮に開催できたとしてもそれは従来の五輪とは相当程度異なったものになるだろう。

緊急事態宣言は解除されたが、多くの権限を残す新型コロナウイルス感染症対策本部、都道府県対策本部も解散されないままである。同時に、客観的な事態の対処の経緯と定量的な評価と、人々の主観的評価のギャップは根強く、被害者意識に基づく不安と不信感は根強くリスクとして残り続けている。

本書の課題は、比較的明白だ。事態の渦中において執筆されたため、資料は基本的に公開情報に依拠している。新旧の政府省庁の会議体の議事・資料、報道資料、新聞社のネット記事などである。公開情報の分析は政策研究の基本だが、別のアプローチとして政策担当者らのインタビュー等ができれば、外形的な観察からわかる事実とは異なる点も明らかになるかもしれない。

新型コロナ対策と政策過程に関する検証や実証的研究は、筆者も強い関心をもつところだが、本書はあくまで渦中において、走りながら考えをまとめた分析的記述／記述的分析による試論としての性質が色濃いものとなった。精緻《せいち》な実証については今後の課題であり、むしろ専門家による知見や分析を楽しみに待ちたい。

政府や省庁の公開情報は本書執筆において重要な役割を果たした。これらが適切に公開され、正確であることを前提に、本書のように新しい事態に際して、過去の経緯を棚卸ししながら試論を展開することが可能になる。公文書や政府統計の隠蔽《いんぺい》、改竄《かいざん》なども相次いだが、それらの重要性は改めて指摘しておく必要がある。

繰り返しだが、主観と客観は必ずしも合致せず、自由民主主義社会においては、主観が表現の自由として尊重されるがゆえに、客観とは異なる主観を表明する自由がある。他方で、生じる不安は目を曇らせるし、複雑に干渉する法律、政治、規制の制約条件によって、政策は蓄積と経験を通じて概《おお》ね線形に発展し、事前に構想された以上にも、それ以下にも機能しない。実際、リーダーが発する言葉の質こそ違えど、個人の力量だけで大規模な危機を超克《ちょうこく》するカリスマ的政治家像は自由民主主義国家ではもはや神話と化している。

現代において、環境が促す脊髄反射的反応を避け、批判と提案を行う良識的な中庸はいかにすれば可能か。結局、新型コロナが我々に突きつけたのは、古くて新しい問いではないか。どうすれば、危機の渦中で人びとは自らの手で、派生的にしかし次々と生じる不安をコントロールできるのか、二次的には政治が社会の不安と折り合いをつけられるのかをより積極的に検討すべきだ。

そのような認識のもとで、本書は結論として「感染の不安／不安の感染」と「耳を傾けすぎる政府」のリスクに目を向け、特別なマネジメントが必要であることを述べる。具体化には事態の直視と脊髄反射的反応への忍耐、過去の経緯と対処の正しい認識と理解が必要だが、さしあたり政治社会的問題の構造を指摘することがその端緒であり、本書の主たる貢献といえる。

社会に求められる〝新しい冗長性〟

新型コロナの感染拡大を受けて、「コロナ後の日本と世界はどうなるのか」に強い関心が向いている。この関心の高まりそれ自体が、現状の正確な理解から目を背けているかのようにも映るが、さしあたり制約条件としての時間と強力な日常復帰モメントを指摘する。

直接的には幸いにして、日本における新型コロナの影響は、世界を見渡したとき相対的には比較的軽微なものにとどまりそうである。緊急事態宣言の期間はもっとも長かった首都圏でも2カ月未満で終わった。順次、段階を踏んで、社会、経済機能の平常化が進んでいる。

それゆえに、日本社会は本書で論じてきたように、新旧の課題の輻輳《ふくそう》で生じたコロナ禍中の特例をあくまで〝特例〟として例外処理し、コロナ以前の日常を取り戻そうとしている。政府の行動計画や企業のBCP（事業継続計画）も原状回復を当面のゴールにしている。テレワークや押印省略などの変化も後退し、それに伴って我々の危機意識もいずれ元に戻るのではないか。

緊急事態宣言解除を受けて、飲食店街やスポーツクラブは相当に賑《にぎ》わいを取り戻している。満員電車もそうだ。暑くなるにつれて、マスクをしない人や顎にかけているだけの人も目立ち始めた。

こうした日常は喜ばしいことだが、問題の根本解決策は依然見当たらないまま、人々がもはやコロナ禍を積極的に忘れたがっているということを示唆している。第2波、第3波があれば別だが、恐らくこれが良くも悪くも生活者の総意だ。人びとは教訓にするどころか、積極的にコロナ禍を忘れたがっているようにも見える振る舞いが散見される。

時間は制約条件でもある。非日常が長期間に及ぶようなら、非日常を日常化せざるをえなかった。オンラインが日常で、オフラインが非日常になっただろうし、押印などムダな手間だと誰しもが合意できるはずだ。

平時に落ち着き始めた今、それらを定着させられるだろうか。ICTの効率性はかねてから指摘されながら、一向に取り入れられてこなかった日本社会で今度こそ実行できるかが問われている。

制度とその導入過程についての課題も指摘できる。感染と不安の渦中から、新型インフルエンザ等対策特別措置法に伴う強力な私権制限措置の導入や、他国のような緊急事態法制の必要性についての問題提起が起き、それらを歓迎するような向きもあった。過去には、それらを否定してきた論理と経緯も存在する。こちらについては、一定期間経過した後に冷静な議論が求められる。

イノベーションの源泉は余剰と余力

しかし、多くの社会において、人々は喉元《のどもと》を過ぎれば熱さを忘れるが如《ごと》く危機の記憶を失念し、ときには積極的に忘れようとする。それは当然の行動でもあるし、忘却は生存の知恵でもある。辛《つら》い記憶や複雑な出来事を記憶し続けておくだけのコストを生活者が負担することは困難である。このとき我々にそれらを思い出させる「リマインダー」が必要だ。

本来、その役割を担うのはメディアの仕事だ。だが手厚い取材網と記者を抱えた新聞社はメディア環境の変化のなかで、役割を果たしているとはいえない。ネット対応や新規事業の立ち上げ、人員削減などが推進されることで、相対的に記者が多忙になり、専門知識を勉強する時間が乏しくなった。また政治と似ているが、特定の新聞に対する信頼／不信頼の分散もかつてより大きくなったように思われる。

テレビはＮＨＫを除くと、全国的に体系立った取材網を構築できておらず、ワイドショーの有事報道に関する多様な課題が指摘されてきたが、今回はＳＮＳと呼応しながらより強固なものになった。ネットメディアは取材網や記者の育成にコストをかけ、安定的な専門報道、政策報道を実施するには至っていない。ネット企業各社にそうした姿勢は見られず、新たな取材網や人材育成はコスト部門と捉えられているようだ。

日本では、根拠不明に政府、政策を肯定/批判するコメンテーターがあふれたワイドショー型コンテンツは、PV(ページビュー)を追い求めるネットメディアと相性がよく、ネットメディアが安定的にマスメディアより高い質のコンテンツを提供しているとは到底言えないのが現状だ。

安定的に専門知識を解説し、対策の根拠を指摘し、過去の経緯を想起させるリマインダーとしての役割をもった「機能のジャーナリズム」を、いかに社会に実装できるかは、かねてからの我々の社会の課題でもある。こうした問題意識から本書でも日本の過去の感染症対策や経緯を振り返ってきた。

既知のとおり、コストカットとムダ取り、支出削減は日本社会の至上命題であり続けている。それは公務員についてもいえ、人口当たりの公務員数はすでに世界最低水準になり、業務は増大であるにもかかわらず強い削減圧力とバッシングが続いている。こうしたトレンドの一方で、新型コロナ対策では空前の大盤振る舞いをしているわけだから、まったく一貫性を欠いている。

公衆衛生や医療も「改革」圧力に晒《さら》され続けてきた。この間の医療制度改正では、増大する医療費と関連費用抑制のために、地域医療の機能分化と役割分担、病床数削減が進められてきた。良くも悪くもSARS、MERS、新型インフルエンザ危機を軽微に乗り越えた感染症対策も、これまでは直接利益を生まないコスト部門としての認識が強かったはずだ。

1980年代の国鉄(現JR)や日本電信電話公社(現NTT)などの民営化や行財政改革を一つの

端緒にするなら、こうした「改革」は日本社会のあらゆる部門で40年近く続けられてきたことになる。感染症拡大に際しては、これまで有事において、きめ細やかな対人サービスの担い手となったNPO等の非営利組織も十分に活動できず、むしろ彼らを支える措置が乏しく、各所で厳しい状況に追い込まれるなど公共の担い手不足も露呈した。

有事に際しては、多様な資源の組み替えや配置換えによる対応も求められる。その際には冗長性が必要だ。イノベーションの源泉も余剰と余力である。改革の反動で冗長性が毀損《きそん》されていないかという検証が必要だし、恐らくかつてのようなムダと同義であることは社会が許さないはずだ。

このとき新しい冗長性とはどのようなもので、どのようにして社会実装すべきかという議論は、今後の有事に対する備えと教訓としても求められているのではないか。

2020年4月末〜6月執筆

おわりに

2020年6月24日の記者会見で、新型コロナウイルス感染症（新型コロナ）対策を担当してきた西村康稔経済再生担当大臣は、新型コロナウイルス感染症対策専門家会議（専門家会議）の廃止と、医学以外の様々な分野の専門家を含む新たな会議体を新型インフルエンザ等有識者会議の下に設けることを発表した。

すでに本書でも確認したとおり、専門家会議は新型コロナ対策を目的に設置された会議体だが、「新型コロナウイルス感染症対策本部（政府対策本部）の下、新型コロナウイルス感染症の対策について医学的な見地から助言等を行う」ことを目的とし、3月の新型インフルエンザ等対策特別措置法改正で、政府対策本部が特措法を根拠とする組織と見なされるようになってからも、法的根拠が曖《あい》昧《まい》なままだった。だが新型コロナ対策において、政府、国民の双方に助言を出し、メディアも12人の専門家の一挙手一投足に注目し、大きな役割を担い、影響を持ってきた。

ちょうど同日、専門家会議の脇田隆字座長、尾身茂副座長、岡部信彦の3名が日本記者クラブで記者会見を行っていた。「次なる波に備えた専門家助言組織のあり方について」という文書を公開し、これまでの専門家会議の担った役割を振り返りながら、今後の政府と専門家会議のあり方を提案したばかりだった。

この報告書は、厚労省のアドバイザリーボードを継承して政府対策本部の下に設置された経緯から始まり、市民への情報周知についての責任から、通例と異なり、市民への感染症防止策を情報発信するべきだという共通認識から、直接の発信に「前のめり」になっていった様などを真摯《しんし》に振り返っている。

さらに、最も感染拡大のリスクが高まった時期においては、感染症対策として人々の行動変容を促す意図から、政府へ経済的な補償・援助の要請を言及するに至った。

だが、こうした活動を通じて、専門家会議の役割に対して本来の役割以上の期待と疑義の両方が生じたものと思われる。すなわち、一部の市民や地方公共団体などからは、さらに詳細かつ具体的な判断や提案を専門家会議が示すものという期待を高めてしまったのではないかと考えている。その反面、専門家会議が人々の生活にまで踏み込んだと受け止め、専門家会議への警戒感を高めた人もいた。また、要請に応じて頻回に記者会見を開催した結果、国の政策や感染症対策は専門家会議が決めているというイメージが作られ、あるいは作ってしまった側面もあった。[1]

有事における実態と主観（認識）の乖離《かいり》、さらに独り歩きするイメージの課題がここでも指摘されている。専門家会議の有識者が良かれと思って行った発信が、不安と政治（政府）不信につながった。

だが、専門家会議の誠実な総括と提案は無駄になった格好だし、政府と専門家会議の遠くなった距離を物語っていた。
質疑応答で西村大臣の発表を知っているか尋ねられた尾身副座長は困惑して、「今、大臣がそういう発表をされたんですか？」と聞き返したという。[2] 専門家会議の廃止をめぐっては、与党内でも十分伝達されていなかったようだ。[3]
しかし矢継ぎ早に目玉対策が投入されている。ちょうど前日6月22日（ドイツ時間）に、理化学研究所と富士通が共同開発したスーパーコンピューター「富岳《ふがく》」が9年ぶりに計算機ランキングで世界一になったことが発表された。
西村大臣は6月23日の記者会見で、さっそく富岳を「ＡＩシミュレーション」に活用し、ノーベル医学・生理学賞を受賞しこの間コロナ危機への発言も行ってきた山中伸弥・京都大学教授や東京電力福島原子力発電所事故調査委員会（東日本大震災に伴う原発事故の調査を行うために設置）の委員長を務めた黒川清・東大名誉教授を迎えた新たな会議体を設けて、新型コロナ対策に活かしていくことを発表した。[4]
２０２０年度の第2次補正予算は約31・9兆円。家賃支援給付金の創設と持続化給付金の拡充を中心に、根拠と効果が不明な給付措置をさらに広げるとともに、新型コロナ対策を念頭にした10兆円の予備費を設けたことが大きく報じられ、野党などの批判を招いた。[5]
すでに対策は多分に政治的な性質を含んだものになりつつある。6月に入って、内閣支持率はさらに低下。ＮＨＫの調べによれば内閣支持率は36％、不支持率は49％。[6] 調査手法は変わっているが、第2次安倍政権になってから、支持率はほぼ過去最低、不支持率は最高水準だ。政局への動きは活発化している。

衆議院議員の任期は２０２１年9月まで。東京五輪については、秋口になんらかの結論を出さなければならない。他方で、ひと足早く収束に向かいつつあった中国、韓国などで第2波の兆しがあり、勝利宣言を出したはずのフランスでも感染拡大が始まっている。国内でも足もとの首都東京を中心に、感染者数が再び増加している。

「安倍一強」と言われる在職日数歴代最長政権だが、政権末期にして前代未聞の試練に晒《さら》されている。事実として、政党と政治家にとって新型コロナ対策と、選挙（における勝利）は不可分であるとともに甲乙つけ難いものなのだ。

「実効的なコロナ対策と成果」も重要だが、彼らにとって「成果と勝利のイメージ」はそれに勝るとも劣らず不可欠なものなのだ。

本書が描いてきたのは、通説的な「後手」「小規模」批判に対して、良くも悪くも日本政府は、新型インフルエンザ等を念頭に置いた政府行動計画とガイドラインに沿って迅速《じんそく》な対応を行ってきたが、政治が主導権を握るようになるにつれて、偶発的な事項も含めて、不安や誤解を含む被害者意識といったイメージの影響を過大に受けるようになり、対策も、そしてそれに呼応した社会の反応も支離滅裂になっていくようであった。そう考えると、この間の政治の振る舞いは至って整合的にも見えてくる。

何も日本に限ったことではなく、多くの自由民主主義の社会において課題は共通する。リーダーの「優れた発言」が一過的に国民の支持を集めたとしても、対策の内実が伴わなければ、支持はそのうちに失望に変わるだろう。実際、世界中で、多くの異議申し立てが頻発している。WHOのテドロス事務局長に対する辞任要求のオンライン署名が100万人を超えたのもその一例だ。

渦中は続いており、客観的な事態と政策過程の検証が行えるようになるのはまだ当分先のことだろう。結果が社会的に受け入れられるかどうかも定かではない。

その間、公衆衛生分野を含む医学的対策に加えて、いかにして不安をマネジメントできるか、超《ちょう》克《こく》できるかが問われている。


本書は、2020年4月末に書き始められ、概ね6月初旬に書き終え、6月末まで加筆修正が行われたものである。2020年に入って、国内で感染が拡大し、ダイヤモンド・プリンセス号や全国一斉休校が起き、緊急事態宣言の発令と解除を筆者は東京で体験した。

感染症は人が密集して生活する都市部において、大きな影響が生じがちだ。不安の拡大も同様だ。何をしても密になりやすい東京での生活は多分にストレスフルで、不安を伴うものでもあった。

テレワークやオンライン講義の導入とそれらの過程における混乱なども身をもって体験した。筆者が参加する省庁や自治体、民間企業等との会議もオンライン化された。

それらを通して、この間、「無駄」を削ってきた日本社会における冗長性の乏しさを痛感した。困難で踏ん張る余力がないのだ。「新しい冗長性」を概念とともにどのように定着させていくべきか、筆者も考えてみたい。

本書は朝日新聞出版の海田文さんの依頼がきっかけで形になった。時勢に伴って、依頼はメールと、やや古めかしく電話で行われた。海田さんに初めてお目にかかったのは、本書執筆終盤に差し掛かった時期であった。急ぎの執筆依頼ではあったが、書籍執筆に必要ないろいろな活動も制限されるなかで、資料収集はじめ、随所で万全かつ丁寧な編集でサポートをいただいた。記して感謝したい。

また関西学院大学准教授で社会学者の高原基彰氏と埼玉県立大学保健医療福祉学部准教授の原木万紀子氏には草稿に目を通していただき、随所で丁寧なコメントをいただいた。両氏との旧交にも感謝したい。

緊急事態宣言下での急ぎの書籍執筆は家族に多くの負担をかけることになった。学校が休みになるなかで、十分に子どもたちに時間を取れなかったことを心苦しく思っているが、それでも妻子はこれまでの書籍執筆時同様、よく理解して受忍してくれた。心から感謝している。

２０２０年６月

西田亮介

参考文献

※五十音順

・内田満夫・金子稔・山本洋・本田孝行・川茂幸「わが国におけるインフルエンザ（H1N1）2009に対する学校閉鎖の効果」、『日本衛生学雑誌』68：103-117頁、2013年
・遠藤薫編著『大震災後の社会学』講談社、2011年
・岡田晴恵・田代眞人『感染症とたたかう――インフルエンザとSARS』岩波新書、2003年
・岡田晴恵・田代眞人『感染爆発にそなえる　新型インフルエンザと新型コロナ』岩波書店、2013年
・岡部信彦・和田耕治編『新型インフルエンザパンデミックに日本はいかに立ち向かってきたか 1918スペインインフルエンザから現在までの歩み』南山堂、2020年
・岡本哲和『日本のネット選挙――黎明期から18歳選挙権時代まで』法律文化社、2017年
・押谷仁・瀬名秀明『パンデミックとたたかう［電子書籍版］』岩波新書、2009年
・小幡績「日本はコロナ危機ではなく人災だ」ニューズウィーク日本版、https://www.newsweekjapan.jp/obata/2020/04/post-53.php
・尾身茂『WHOをゆく　感染症との闘いを超えて』医学書院、2011年
・河岡義裕・今井正樹監修『猛威をふるう「ウイルス・感染症」にどう立ち向かうのか』ミネルヴァ書房、2018年
・小林啓倫『災害とソーシャルメディア　混乱、そして再生へと導く人々の「つながり」』マイコミ新書、2011年
・ジグムント・バウマン『液状不安』澤井敦訳、青弓社、2012年
・ジグムント・バウマン『コラテラル・ダメージ　グローバル時代の巻き添え被害』伊藤茂訳、青土社、2011年
・新型インフルエンザ等対策研究会編『逐条解説　新型インフルエンザ等対策特別措置法』中央法規出

版、2013年
・鈴木庄亮監修／辻一郎・小山洋編『シンプル衛生公衆衛生学2019』南江堂、2019年
・関谷直也『「災害」の社会心理』ベストセラーズ、2011年
・総務省『令和元年版 情報通信白書』2019年
・高原基彰『現代日本の転機「自由」と「安定」のジレンマ』NHKブックス、2009年
・高原基彰『不安型ナショナリズムの時代――日韓中のネット世代が憎みあう本当の理由』洋泉社、2006年
・田城孝雄・横山和仁『公衆衛生』放送大学教育振興会、2015年
・田中淳・吉井博明『災害情報論入門』弘文堂、2008年
・田中素香「EU単一市場」、『日本EU学会年報』第32号：29－52頁、2012年
・永松伸吾『減災政策論入門 巨大災害リスクのガバナンスと市場経済』弘文堂、2008年
・西田亮介『情報武装する政治』KADOKAWA、2018年
・西田亮介『ネット選挙 解禁がもたらす日本社会の変容』東洋経済新報社、2013年
・西田亮介『メディアと自民党』角川新書、2015年
・丸山眞男「『現実』主義の陥穽――或る編輯者への手紙」、『世界』77号：122－130頁、1952年
・宮村達男監修／和田耕治編『新型インフルエンザ（A／H1N1）わが国における対応と今後の課題』中央法規出版、2011年
・吉川肇子・釘原直樹・岡本真一郎・中川和之『危機管理マニュアル どう伝え合う クライシスコミュニケーション』イマジン出版、2009年

・吉田晶子「国際海事条約における外国船舶に対する管轄権枠組の変遷に関する研究」、『国土交通政策研究』第77号、２００７年
・Beck, Ulrich, *RISIKOGESELLSCHAFT Auf dem Weg in eine andere Moderne*, Suhrkamp Verlag, 1986.（ウルリヒ・ベック『危険社会――新しい近代への道』東廉・伊藤美登里訳、法政大学出版局、１９９８年）
・Beck, Ulrich, Anthony Giddens, and Scott Lash, *REFLEXIVE MODERNIZATION: Politics, Tradition and Aesthetics in the Modern Social Order*, UK: Polity Press, 1994.（ウルリッヒ・ベック アンソニー・ギデンズ スコット・ラッシュ『再帰的近代化――近現代の社会秩序における政治、伝統、美的原理』松尾精文・小幡正敏・叶堂隆三訳、而立書房、１９９７年）
・Giddens, Anthony, *RUNAWAY WORLD*, London: Profile Books, 1999.（アンソニー・ギデンズ『暴走する世界 グローバリゼーションは何をどう変えるのか』佐和隆光訳、ダイヤモンド社、２００１年）
・Giddens, Anthony, *TURBULENT AND MIGHTY CONTINENT What Future for Europe?*, Cambridge: Polity Press, 2014.（アンソニー・ギデンズ『揺れる大欧州――未来への変革の時』脇阪紀行訳、岩波書店、２０１５年）
・Sunstein, Cass R., *LAWS OF FEAR:Beyond the Precautionary Principle*, Cambridge University Press, 2005.（キャス・サンスティーン『恐怖の法則 予防原則を超えて』角松生史・内野美穂監訳、神戸大学ＥＬＳプログラム訳、勁草書房、２０１５年）
・Sunstein, Cass R., *Worst-Case Scenarios*, Harvard University Press, 2007.（キャス・サンスティーン『最悪のシナリオ――巨大リスクにどこまで備えるのか』田沢恭子訳、齋藤誠解説、みすず書房、２０１２年）
・Urry, John, *Mobilities*, Cambridge, Polity Press, 2007.（ジョン・アーリ『モビリティーズ――移動の社会学』吉原直樹・伊藤嘉高訳、作品社、２０１５年）

注

序章◉感染の不安／不安の感染

1　東京都感染症情報センター「新型コロナウイルス感染症Q＆A」, http://idsc.tokyo-eiken.go.jp/diseases/2019-ncov/qa/qa1/

2　World Health Organization（WHO）「COVID-19 Virtual Press conference 25 May 2020」, 2020-05-25, https://www.who.int/docs/default-source/coronaviruse/transcripts/who-audio-emergenciescoronavirus-press-conference-25may2020.pdf?sfvrsn=c2dddf94_0

3　自衛隊の本来業務の一つである災害派遣は基本的には都道府県知事からの要請のもとで行われるのが望ましいとされていた。発災時の迅速な対応の必要性から阪神・淡路大震災後の1995年10月には当時の防衛庁の「防災業務計画」を修正し、自衛隊の災害派遣における自主派遣の基準明確化などが行われ、緊急を要する事態に対してより迅速に対応できる態勢が生まれた。2011年の東日本大震災では、大規模震災災害派遣及び原子力災害派遣により最大10万人を超す自衛隊員が対処にあたり、現在ではさらにその経験を活かした「防衛省防災業務計画」が用意されている

4　国立感染症研究所「SARS（重症急性呼吸器症候群）とは」, 2005, https://www.niid.go.jp/niid/ja/kansennohanashi/414-sars-intro.html、同研究所「中東呼吸器症候群（MERS）」, 2014-06-09, https://www.niid.go.jp/niid/ja/diseases/ka/corona-virus/mers/2186-idsc/2686-mers.html

第１章◉アウトブレイクの経緯

1　アメリカのトランプ大統領やいくつかのメディアではウイルスが武漢の研究所から流出した「確たる証拠」を見つけたと述べている旨が報じられ、日本でも報道されている。しかし、中国政府は直ちに否定し実態は判然としない。2020年5月1日付けの読売新聞夕刊「武漢研究所説『情報見た』新型コロナ発生源 トランプ氏発言」など

2　NHK「トランプ大統領『WHOとの関係終わらせる』」, 2020-05-30, https://www3.nhk.or.jp/news/html/20200530/k10012451431000.html

3　日本語で読めるものとしては下記など参照のこと。財新編集部「新型肺炎を武漢で真っ先に告発した医師の悲運 12月に警告も、当局から処罰され本人も感染」, 東洋経済オンライン, 2020-02-07, https://toyokeizai.net/articles/-/329129

4　WHO「Novel Coronavirus (2019-nCoV) Situation Report-1」, 2020-01-21, https://www.who.int/docs/default-source/coronaviruse/situation-reports/20200121-sitrep-1-2019-ncov.pdf?sfvrsn=20a99c10_4

5　厚生労働省「中華人民共和国湖北省武漢市における原因不明肺炎の発生に

ついて」, 2020-01-06, https://www.mhlw.go.jp/stf/newpage_08767.html

6 厚生労働省「新型コロナウイルスに関連した肺炎の患者の発生について（1例目）」, 2020-01-16, https://www.mhlw.go.jp/stf/newpage_08906.html

7 この患者は、「疑似症サーベイランス」と呼ばれる国立感染症研究所での検査制度で捕捉されたことになる。「疑似症」とは感染症法と同施行規則に基づいて定義される、38℃以上の発熱と呼吸器症状、発熱及び発しん又は水疱の症状を有するもので、法律で届け出なければならないことが規定されている

8 WHO「Novel Coronavirus (2019-nCoV) Situation Report-3」, 2020-01-23, https://www.who.int/docs/default-source/coronaviruse/situation-reports/20200123-sitrep-3-2019-ncov.pdf?sfvrsn=d6d23643_8

9 WHO「Statement on the meeting of the International Health Regulations (2005) Emergency Committee regarding the outbreak of novel coronavirus (2019-nCoV)」, 2020-01-23, https://www.who.int/news-room/detail/23-01-2020-statement-on-the-meeting-of-the-international-health-regulations-(2005)-emergency-committee-regarding-the-outbreak-of-novel-coronavirus-(2019-ncov)

10 厚生労働省「中華人民共和国湖北省武漢市における新型コロナウイルス関連肺炎に関する世界保健機関(WHO)の緊急委員会の結果について」, 2020-01-24, https://www.mhlw.go.jp/stf/newpage_09053.html

11 WHO「Coronavirus disease 2019 (COVID-19) Situation Report-51」, 2020-03-11, https://www.who.int/docs/default-source/coronaviruse/situation-reports/20200311-sitrep-51-covid-19.pdf?sfvrsn=1ba62e57_10

12 厚生労働省「中華人民共和国湖北省武漢市における新型コロナウイルス関連肺炎について（令和2年1月24日版）」, 2020-01-24, https://www.mhlw.go.jp/stf/newpage_09093.html

13 新型コロナウイルス感染症対策本部「第2回 議事次第」, 2020-01-31, https://www.kantei.go.jp/jp/singi/novel_coronavirus/th_siryou/sidai_r020131_1.pdf

14 WHO「Statement on the second meeting of the International Health Regulations (2005) Emergency Committee regarding the outbreak of novel coronavirus (2019-nCoV)」, 2020-01-30, https://www.who.int/news-room/detail/30-01-2020-statement-on-the-second-meeting-of-the-international-health-regulations-(2005)-emergency-committee-regarding-the-outbreak-of-novel-coronavirus-(2019-ncov)

15 「国際保健規則」は公衆衛生リスクに対応するための基本的な態勢や擁護を定義し、PHEICもこの規則によって定義されている。加盟国には感染症をサーベイランスし、評価、報告する能力を構築、強化、維持することが求められている

16 首相官邸「令和2年1月16日（木）午前　官房長官記者会見」, 2020-01-16, https://www.kantei.go.jp/jp/tyoukanpress/202001/16_a.html

17 内閣官房新型インフルエンザ等対策室「新型コロナウイルスに関連した感染症対策に関する関係閣僚会議」, 2020-01-21, https://www.kantei.go.jp/jp/singi/novel_coronavirus/siryou/sidai.pdf

18 内閣官房新型インフルエンザ等対策室「新型コロナウイルスに関連した感染症対策に関する関係閣僚会議」, 2020-01-24, http://www.kantei.go.jp/jp/singi/novel_coronavirus/siryou/sidai_r020124.pdf

19 厚生労働省「中華人民共和国湖北省武漢市における新型コロナウイルス関連肺炎について（令和2年1月28日版）」, 2020-01-28, https://www.mhlw.go.jp/stf/newpage_09159.html

20 新型コロナウイルスに関連した感染症対策に関する厚生労働省対策推進本部「第1回 議事次第」, 2020-01-28, https://www.mhlw.go.jp/content/10900000/000609636.pdf

21 新型コロナウイルスに関連した感染症対策に関する厚生労働省対策推進本部「新型コロナウイルス クラスター対策班の設置について　別添」, 2020-02-25, https://www.mhlw.go.jp/content/10906000/000599837.pdf

22 内閣官房「新型インフルエンザ等対策有識者会議の開催について」, 2012-08-03, https://www.cas.go.jp/jp/seisaku/ful/yusikisyakaigi/konkyo.pdf

23 内閣官房「新型インフルエンザ等対策政府行動計画 平成25年6月7日、平成29年9月12日（変更）」, 2017-09-12, https://www.cas.go.jp/jp/seisaku/ful/keikaku/pdf/h29_koudou.pdf

24 新型コロナウイルス感染症対策本部「第1回 議事次第」, 2020-01-30, https://www.kantei.go.jp/jp/singi/novel_coronavirus/th_siryou/sidai_r020130.pdf

25 社会調査研究センター「ショートメール方式世論調査の結果」, 2020-04-24, https://ssrc.jp/blog_articles/20200424.html、時事ドットコム「日本の緊急宣言拡大『非常に弱い』　海外メディアは厳しい見方―新型コロナ」, 2020-04-17, https://www.jiji.com/jc/article?k=2020041700294&g=int

26 WHO「Novel Coronavirus(2019-nCoV) Situation Report-4」, 2020-01-24, https://www.who.int/docs/default-source/coronaviruse/situation-reports/20200124-sitrep-4-2019-ncov.pdf?sfvrsn=9272d086_8

27 WHO「Novel Coronavirus(2019-nCoV) Situation Report-10」, 2020-01-30, https://www.who.int/docs/default-source/coronaviruse/situation-reports/20200130-sitrep-10-ncov.pdf?sfvrsn=d0b2e480_2

28 5月の緊急事態宣言解除後にも、テドロス事務局長が日本の対応全般について

肯定的な評価を示した。ただし、国家の対応よりも、社会の対応に重きを置いた内容になった

29 WHO「WHO Director-General's opening remarks at the media briefing on COVID-19-13 March 2020」, 2020-03-13, https://www.who.int/dg/speeches/detail/who-director-general-s-opening-remarks-at-the-mission-briefing-on-covid-19---13-march-2020

30 ジグムント・バウマン『コラテラル・ダメージ』, 青土社, 2011, p277

31 WHO「Novel Coronavirus(2019-nCoV) Situation Report-11」, 2020-01-31, https://www.who.int/docs/default-source/coronaviruse/situation-reports/20200131-sitrep-11-ncov.pdf?sfvrsn=de7c0f7_4

32 厚生労働省「新型コロナウイルス感染症に対応した医療体制について」, 2020-02-01, https://www.mhlw.go.jp/content/10906000/000591961.pdf

33 2009年5月18日付け朝日新聞朝刊2面「医療現場 対応に限界」、同5月19日付け朝刊27面「急拡大 追えぬ感染路 封じ込めに手回らず」、同9月27日付け朝刊3面「新型インフル流行 沖縄 3つの教訓」など

34 WHO「Novel Coronavirus(2019-nCoV) Situation Report-11」, 2020-01-31, https://www.who.int/docs/default-source/coronaviruse/situation-reports/20200131-sitrep-11-ncov.pdf?sfvrsn=de7c0f7_4

35 BBC NEWS「Coronavirus in Europe: Epidemic or 'infodemic'? 」, 2020-02-27, https://www.bbc.com/news/world-europe-51658511

36 厚生労働省「横浜港に寄港したクルーズ船内で確認された新型コロナウイルス感染症について」, 2020-02-05, https://www.mhlw.go.jp/stf/newpage_09276.html

37 国立感染症研究所「現場からの概況：ダイアモンドプリンセス号におけるCOVID-19症例」, 2020-02-19, https://www.niid.go.jp/niid/ja/diseases/ka/corona-virus/2019-ncov/2484-idsc/9410-covid-dp-01.html

38 国立感染症研究所「現場からの概況：ダイアモンドプリンセス号におけるCOVID-19症例【更新】」, 2020-02-26, https://www.niid.go.jp/niid/ja/diseases/ka/corona-virus/2019-ncov/2484-idsc/9422-covid-dp-2.html

39 WHO「Novel Coronavirus(2019-nCoV) Situation Report-20」, 2020-02-09, https://www.who.int/docs/default-source/coronaviruse/situation-reports/20200209-sitrep-20-ncov.pdf?sfvrsn=6f80d1b9_4

40 WHO「Novel Coronavirus(2019-nCoV) Situation Report-18」, 2020-02-07, https://www.who.int/docs/default-source/coronaviruse/situation-reports/20200207-sitrep-18-ncov.pdf?sfvrsn=fa644293_2

41 外務省「日本における新型コロナウイルスに関する水際対策強化（新たな措

置)」, 2020-05-27, https://www.mofa.go.jp/mofaj/ca/fna/page4_005130.html

42 新型コロナウイルス感染症対策本部「新型コロナウイルス感染症に関する緊急対応策」, 2020-2-13, https://www.kantei.go.jp/jp/singi/novel_coronavirus/th_siryou/kinkyutaiou_corona.pdf

43 新型コロナウイルス感染症対策本部「第8回 議事次第」, 2020-2-13, https://www.kantei.go.jp/jp/singi/novel_coronavirus/th_siryou/sidai_r020213.pdf

44 総務省「高市総務大臣閣議後記者会見の概要」, 2020-02-14, https://www.soumu.go.jp/menu_news/kaiken/01koho01_02000887.html

45 新型コロナウイルス感染症対策専門家会議「第1回 議事次第」, 2020-02-16, https://www.kantei.go.jp/jp/singi/novel_coronavirus/senmonkakaigi/sidai_r020216.pdf

46 いずれも前掲の専門家会議「第1回 議事次第」より引用

47 WHO「Strategic preparedness and response plan」, 2020-04-14, https://www.who.int/publications-detail/strategic-preparedness-and-response-plan-for-the-new-coronavirus

48 新型コロナウイルス感染症対策専門家会議「第2回 参考資料2-3, 2-4, 3」, 2020-02-19, https://www.kantei.go.jp/jp/singi/novel_coronavirus/senmonkakaigi/sidai_r020219-3.pdf

49 新型コロナウイルス感染症対策専門家会議「第2回 議事概要」, 2020-02-19, https://www.kantei.go.jp/jp/singi/novel_coronavirus/senmonkakaigi/gaiyou_r020219.pdf

50 新型コロナウイルス感染症対策専門家会議「第3回 議事概要」, 2020-02-24, https://www.kantei.go.jp/jp/singi/novel_coronavirus/senmonkakaigi/gaiyou_r020224.pdf

51 新型コロナウイルス感染症対策本部「新型コロナウイルス感染症対策の基本方針」, 2020-02-25, https://www.kantei.go.jp/jp/singi/novel_coronavirus/th_siryou/kihonhousin.pdf

52 北海道「知事臨時記者会見」, 2020-02-26, http://www.pref.hokkaido.lg.jp/ss/tkk/hodo/pressconference/r1/r20226gpc.htm

53 北海道「知事定例記者会見」, 2020-02-27, http://www.pref.hokkaido.lg.jp/ss/tkk/hodo/pressconference/r1/r20227gpc.htm

54 市川市「記者会見(令和2年2月27日)」, 2020-02-27, https://www.city.ichikawa.lg.jp/pla04/1111000248.html

55 新型コロナウイルス感染症対策本部「第15回 議事概要」, 2020-02-27, https://www.kantei.go.jp/jp/singi/novel_coronavirus/th_siryou/gaiyou_r020227.pdf

56 首相官邸「令和2年2月29日 安倍内閣総理大臣記者会見」, 2020-02-29, https://www.kantei.go.jp/jp/98_abe/statement/2020/0229kaiken.html

57 朝日新聞デジタル「休校99%の公立小中高など決定　20市町村は授業続行」, 2020-03-04, https://www.asahi.com/articles/ASN346TH6N34UTIL04X.html

58 新型コロナウイルス感染症対策専門家会議「第6回　議事次第」, 2020-03-09, https://www.kantei.go.jp/jp/singi/novel_coronavirus/senmonkakaigi/sidai_r020309.pdf

59 経済産業省「『国民生活安定緊急措置法施行令の一部を改正する政令』が閣議決定されました」, 2020-03-10, https://www.meti.go.jp/press/2019/03/20200310002/20200310002.html

60 WHO「WHO Director-General's opening remarks at the media briefing on COVID-19 - 11 March 2020」, 2020-03-11, https://www.who.int/dg/speeches/detail/who-director-general-s-opening-remarks-at-the-media-briefing-on-covid-19---11-march-2020

61 WHO「WHO Director-General's opening remarks at the media briefing on COVID-19-13 March 2020」, 2020-03-13, https://www.who.int/dg/speeches/detail/who-director-general-s-opening-remarks-at-the-mission-briefing-on-covid-19---13-march-2020

62 新型コロナウイルス感染症対策専門家会議「第8回　議事次第」, 2020-03-19, https://www.kantei.go.jp/jp/singi/novel_coronavirus/senmonkakaigi/sidai_r020319.pdf

63 WHO「Coronavirus disease 2019 (COVID-19) Situation Report-60」, 2020-03-19, https://www.who.int/docs/default-source/coronaviruse/situation-reports/20200320-sitrep-60-covid-19.pdf?sfvrsn=d2bb4f1f_2

64 2020年3月5日付け朝日新聞朝刊1面「特措法 2年の時限措置」

65 4日の総理と各党党首との会談においても「枝野氏は『緊急事態宣言は慎重であるべきだ。私権制限が大きい』とクギを刺した」という（2020年3月5日付け朝日新聞朝刊3面「特措法 政府に注文連発」）。ほか同3月12日付け朝刊3面「付帯決議に『事前報告』」、同3月14日付け朝刊2面「緊急事態 なお慎重論」、同長崎県版「特措法改正には『断固反対』声明」など

66 首相官邸「新型コロナウイルス感染症に関する安倍内閣総理大臣記者会見」, 2020-03-14, https://www.kantei.go.jp/jp/98_abe/statement/2020/0314kaiken.html

67 新型コロナウイルス感染症対策本部「生活不安に対応するための緊急措置」, 2020-03-18, https://www.kantei.go.jp/jp/singi/novel_coronavirus/th_siryou/kinkyutaiou3_corona.pdf

68 新型コロナウイルス感染症対策専門家会議「第8回 議事次第」, 2020-03-19, https://www.kantei.go.jp/jp/singi/novel_coronavirus/senmonkakaigi/sidai_r020319.pdf

69 同上

70 日本経済新聞電子版「大阪―兵庫間『往来自粛を』 3連休、大阪知事ら要請」, 2020-03-19, https://www.nikkei.com/article/DGXMZO57019410Z10C20A3AC8000/

71 東京都「小池知事『知事の部屋』／記者会見(令和2年3月23日)」, 2020-03-23, https://www.metro.tokyo.lg.jp/tosei/governor/governor/kishakaiken/2020/03/23.html

72 直近で改正された感染症法施行令は消毒実施のための交通制限や建物封鎖を規定する

73 東京都「小池知事「知事の部屋」／記者会見(令和2年3月25日)」, 2020-03-25, https://www.metro.tokyo.lg.jp/tosei/governor/governor/kishakaiken/2020/03/25.html

74 厚生労働省「厚生労働省説明資料」, 2020-03-25, https://www.mhlw.go.jp/content/10900000/000613770.pdf

75 厚生労働省「新型コロナウイルスに関連した患者等の発生について(4月11日公表分)」, 2020-04-12, https://www.mhlw.go.jp/stf/newpage_10813.html

76 内閣官房「新型インフルエンザ等対策有識者会議 基本的対処方針等諮問委員会(第1回)」, 2020-03-27, https://www.cas.go.jp/jp/seisaku/ful/shimon1.pdf

77 日本経済新聞電子版「大阪府知事、週末の外出自粛呼びかけ 新型コロナ」, 2020-03-27, https://www.nikkei.com/article/DGXMZO57334490X20C20A3MM8000/

78 日本医師会「新型コロナウイルス感染症に関する日医の対応について」, 2020-03-31, https://www.med.or.jp/nichiionline/article/009234.html、同「日本医師会から国民の皆様へのお願い」, 2020-03-31, https://www.med.or.jp/nichiionline/article/009232.html

79 首相官邸「令和2年3月28日 安倍内閣総理大臣記者会見」, 2020-03-28, https://www.kantei.go.jp/jp/98_abe/statement/2020/0327kaiken.html

80 時事ドットコム「小池都知事、国家の判断『今求められている』 緊急事態宣言、安倍首相と面会」, 2020-03-31, https://www.jiji.com/jc/article?k=2020033101236&g=pol

1 WHO「Coronavirus disease 2019 (COVID-19) Situation Report-83」, 2020-04-12, https://www.who.int/docs/default-source/coronaviruse/situation-reports/20200412-sitrep-83-covid-19.pdf?sfvrsn=697ce98d_4

2 WHO「Coronavirus disease 2019 (COVID-19) Situation Report-77」, 2020-04-06, https://www.who.int/docs/default-source/coronaviruse/situation-reports/20200406-sitrep-77-covid-19.pdf?sfvrsn=21d1e632_2

3 防衛省「新型コロナウイルス感染症に対する水際対策強化に係る災害派遣の実施について」, 2020-03-28, https://www.mod.go.jp/j/press/news/2020/03/28a.pdf、統合幕僚監部「第1師団の新型コロナウイルス市中感染拡大防止に関する災害派遣の実施について」, 2020-04-06, https://www.mod.go.jp/js/Press/press2020/press_pdf/p20200406_01.pdf

4 新型コロナウイルス感染症対策専門家会議「『新型コロナウイルス感染症対策の状況分析・提言』(2020年4月1日)」, 2020-04-01, https://www.mhlw.go.jp/content/10900000/000617992.pdf

5 厚生労働省「厚生労働省とLINEは『新型コロナウイルス感染症のクラスター対策に資する情報提供に関する協定』を締結しました」, 2020-03-30, https://www.mhlw.go.jp/stf/newpage_10575.html

6 首相官邸「新型コロナウイルス感染症対策本部(第25回)」, 2020-04-01, https://www.kantei.go.jp/jp/98_abe/actions/202004/1corona.html

7 首相官邸「緊急事態宣言の検討状況についての会見」, 2020-04-06, https://www.kantei.go.jp/jp/98_abe/actions/202004/06kaiken.html

8 首相官邸「新型コロナウイルス感染症に関する安倍内閣総理大臣記者会見」, 2020-04-07, https://www.kantei.go.jp/jp/98_abe/statement/2020/0407kaiken.html

9 ただし、WHOは4月14日に改訂を行い、表現等をより簡略化し、国や地域によって多様化した状況の分析、提言を最新のものに改めている。対応速度と規模感、深刻さ、社会、経済的対応の必要性により分量を割いている。詳しくはWHO「COVID-19 STRATEGY UPDATE」(https://www.who.int/docs/default-source/coronaviruse/covid-strategy-update-14april2020.pdf?sfvrsn=29da3ba0_19)などを参照のこと

10 2020年3月31日付け朝日新聞朝刊社説「緊急経済対策 長期戦に安心の備えを」、同4月2日付け朝刊社説「感染症と経済 前例なき事態に備えを」など

11 内閣官房「新型インフルエンザ等対策有識者会議 中間とりまとめ」, 2013-02-07, https://www.cas.go.jp/jp/seisaku/ful/yusikisyakaigi/250207chukan.pdf

12 三和護「感染症法があるのに、なぜ『特措法』が必要だったのか 新

型インフルエンザ等対策有識者会議が『中間とりまとめ』」, 日経メディカル, 2013-02-15, https://medical.nikkeibp.co.jp/leaf/all/special/pandemic/topics/201302/529061.htmlなども参照

13 被災者生活再建支援法と同制度は、都道府県が公示した自然災害に対して、「相互扶助」を理由とし、都道府県が拠出した基金を活用する仕組みになっている。世帯と収入等に制限を設けたうえで、生活関係経費（100万円）と居住関係経費（200万円）の使途を定めて給付する仕組みになっている

14 2020年4月3日付け朝日新聞朝刊4面「野党『全国民に10万円』統一会派 緊急対策を提言」

15 全国知事会新型コロナウイルス緊急対策本部「『緊急事態宣言』を受けての緊急提言」, 2020-04-08, http://www.nga.gr.jp/ikkrwebBrowse/material/files/group/2/13_kinkyuteigen.pdf

16 2020年3月14日付け朝日新聞朝刊29面「特措法 知事からの注文」

17 東京都「東京都感染拡大防止協力金のご案内」https://www.tokyo-kyugyo.com/、同「東京都感染拡大防止協力金（第2回）実施概要」https://www.tokyo-kyugyo.com/dai2pre/index.html

18 デジタル毎日「休業要請決定は23都道府県、うち補償は18都道府県　財政力でばらつきも」, 2020-04-20, https://mainichi.jp/articles/20200420/k00/00m/010/239000c

19 日本経済新聞電子版「武漢市民、『完全な自由』遠く　都市封鎖解除も感染、死者数に残る不信」, 2020-04-08, https://www.nikkei.com/article/DGXMZO57824810Y0A400C2I00000/、同「イタリアの都市封鎖、5月4日から段階解除　伊首相意向」, 2020-04-22, https://www.nikkei.com/article/DGXMZO58339620S0A420C2000000/

20 Noah Higgins-Dunn「New York moves to a ‘new normal’ as Gov. Cuomo outlines gradual reopening of businesses」, CNBC, 2020-04-15, https://www.cnbc.com/2020/04/15/new-york-moves-to-a-new-normal-as-gov-cuomo-outlines-gradual-reopening-of-businesses.htmlなど

21 WHO「WHO Director-General's opening remarks at the media briefing on COVID-19-22 April 2020」, 2020-04-22, https://www.who.int/dg/speeches/detail/who-director-general-s-opening-remarks-at-the-media-briefing-on-covid-19--22-april-2020

22 WHO「COVID-19 STRATEGY UPDATE」, 2020-04-14, https://www.who.int/docs/default-source/coronaviruse/covid-strategy-update-14april2020.pdf?sfvrsn=29da3ba0_19

23 WHO「Coronavirus disease 2019 (COVID-19) Situation Report-93」, 2020-

04-22, https://www.who.int/docs/default-source/coronaviruse/situation-reports/20200422-sitrep-93-covid-19.pdf?sfvrsn=35cf80d7_4

24 WHO「Coronavirus disease 2019 (COVID-19) Situation Report-94」, 2020-04-23, https://www.who.int/docs/default-source/coronaviruse/situation-reports/20200423-sitrep-94-covid-19.pdf?sfvrsn=b8304bf0_4

25 新型コロナウイルス感染症対策本部「第29回 議事次第」, 2020-04-16, https://www.kantei.go.jp/jp/singi/novel_coronavirus/th_siryou/sidai_r020416.pdf

26 首相官邸「新型コロナウイルス感染症に関する安倍内閣総理大臣記者会見」, 2020-04-17, https://www.kantei.go.jp/jp/98_abe/statement/2020/0417kaiken.html

27 新型コロナウイルス感染症対策本部「第30回 議事次第」, 2020-04-22, https://www.kantei.go.jp/jp/singi/novel_coronavirus/th_siryou/sidai_r020422.pdf

28 東京都「小池知事「知事の部屋」／記者会見（令和2年4月23日)」, 2020-04-23, https://www.metro.tokyo.lg.jp/tosei/governor/governor/kishakaiken/2020/04/23.html

29 デジタル毎日「中国、5連休に9000万人が旅行に 上海企業も正常化 北部では第2波懸念も」, 2020-04-30, https://mainichi.jp/articles/20200430/k00/00m/030/233000c

30 Bloomberg「米新規失業保険申請件数：384万件、6週間で合計3000万件余り」, 2020-04-30, https://www.bloomberg.co.jp/news/articles/2020-04-30/Q9LPQDDWRGG201

31 新型コロナウイルス感染症対策専門家会議「新型コロナウイルス感染症対策の状況分析・提言（2020/5/4)」, 2020-05-04, https://www.mhlw.go.jp/content/10900000/000627559.pdf

32 WHO「Statement on the third meeting of the International Health Regulations (2005) Emergency Committee regarding the outbreak of coronavirus disease (COVID-19)」, 2020-05-01, https://www.who.int/news-room/detail/01-05-2020-statement-on-the-third-meeting-of-the-international-health-regulations-(2005)-emergency-committee-regarding-the-outbreak-of-coronavirus-disease-(covid-19)

33 WHO「Considerations for school-related public health measures in the context of COVID-19」, 2020-05-10, https://www.who.int/publications-detail/considerations-for-school-related-public-health-measures-in-the-context-of-covid-19

34 新型コロナウイルス感染症対策専門家会議「新型コロナウイルス感染症対策の状況分析・提言」（2020年5月1日), 2020-05-01, https://www.kantei.go.jp/jp/

singi/novel_coronavirus/senmonkakaigi/sidai_r020501_1.pdf
35 首相官邸「新型コロナウイルス感染症に関する安倍内閣総理大臣記者会見」, 2020-05-04, https://www.kantei.go.jp/jp/98_abe/statement/2020/0504kaiken.html
36 新型コロナウイルス感染症対策専門家会議「新型コロナウイルス感染症対策の状況分析・提言」(令和2年5月14日), 2020-05-14, https://www.kantei.go.jp/jp/singi/novel_coronavirus/senmonkakaigi/sidai_r020514_2.pdf
37 新型コロナウイルス感染症対策本部「第35回 議事次第」, 2020-05-21, https://www.kantei.go.jp/jp/singi/novel_coronavirus/th_siryou/sidai_r020521.pdf
38 新型コロナウイルス感染症対策本部「第36回　議事次第」, 2020-05-25, https://www.kantei.go.jp/jp/singi/novel_coronavirus/th_siryou/sidai_r020525.pdf

第３章◉コロナ危機の分析

1 2020年2月21日付け朝日新聞朝刊4面「共産・志位和夫委員長、『コロナ会合、首相の出席3分』」
2 2020年2月29日付け朝日新聞朝刊11面「専門家会議の初会合 遅すぎた」
3 2020年3月6日付け朝日新聞朝刊2面「対中ジレンマ 対策後手」、同4面「入国制限強化『周回遅れ』」など
4 2020年3月3日付け朝日新聞朝刊社説「新型肺炎対策　不安拭えぬ首相の説明」
5 2020年3月1日付け朝日新聞朝刊3面「唐突な休校要請、釈明」
6 経済産業省「新型コロナウイルスに関する中小企業・小規模事業者支援として相談窓口を開設します」,2020-01-29,https://www.meti.go.jp/press/2019/01/20200129007/20200129007.html
7 2009年5月19日付け朝日新聞朝刊33面「新型インフルで自治体・メディア 校名公表 分かれる判断」、同6月13日付け朝刊3面「新型インフルエンザ検証『まさかの豚』現場は」、同6月16日付け朝刊21面「新型インフル 神戸の集団感染から学ぶ」、同6月19日付け夕刊12面「重症者に病床確保 厚労省が新指針発表」など
8 2009年5月22日付け朝日新聞朝刊35面「不安過剰社会 配慮の末 休校」など
9 朝日新聞デジタル「『海岸エリア封鎖を』鎌倉や藤沢の市長、黒岩知事に要望」, 2020-04-22, https://www.asahi.com/articles/ASN4Q4K0VN4QULOB00F.html
10 神奈川新聞「海岸立ち入り自粛 連休明けの解除を要望 湘南の事業者ら」,カナロコ,2020-05-02,https://www.kanaloco.jp/article/entry-345604.html
11 2020年2月27日付け朝日新聞朝刊社説「新型肺炎対策 きめ細かな現場支援を」

12 2020年5月12日に茂木敏充外務大臣は、WHOに初期対応や地域に空白を設けないあり方について問題提起を行っていくことを記者会見で言及した。外務省「茂木外務大臣会見記録（令和2年5月12日〈火曜日〉15時35分　於：本省会見室）」(https://www.mofa.go.jp/mofaj/press/kaiken/kaiken4_000956.html#topic3)。その後、5月19日に開催されたWHO総会における加藤厚生労働相の講演にも検証の要望や地域的空白を作らないことへの言及がなされた

13 厚生労働省「中華人民共和国湖北省武漢市における新型コロナウイルス関連肺炎について（第5報）」,2020-01-20,https://www.mhlw.go.jp/stf/newpage_08998.html

14 厚生労働省「中華人民共和国湖北省武漢市における新型コロナウイルス関連肺炎について（令和2年1月24日版）」,2020-01-24,https://www.mhlw.go.jp/stf/newpage_09093.html

15 厚生労働省「中華人民共和国湖北省武漢市における新型コロナウイルス関連肺炎について（令和2年1月30日版）」,2020-01-30,https://www.mhlw.go.jp/stf/newpage_09225.html

16 WHO「Novel Coronavirus(2019-nCoV) Situation Report-11」,2020-01-31, https://www.who.int/docs/default-source/coronaviruse/situation-reports/20200131-sitrep-11-ncov.pdf?sfvrsn=de7c0f7_4

17 時事ドットコム「感染対応、国際ルール提起へ クルーズ船入港で不備露呈」, 2020-02-22,https://www.jiji.com/jc/article?k=2020022101098&g=pol

18 2020年2月29日付け朝日新聞朝刊11面「専門家会議の初会合 遅すぎた」

19 例えば2020年2月16日付け朝日新聞朝刊26面「『感染広げた』米で日本批判 クルーズ船の自国民救出へ」、同2月21日付け朝刊2面「乗客から死者 何が」など

20 厚生労働省「新型コロナウイルス感染症の現在の状況と厚生労働省の対応について（令和2年2月10日版）」,2020-02-10,https://www.mhlw.go.jp/stf/newpage_09418.html

21 4月に入って、在日米国大使館や米国のポンペオ国務長官らはダイヤモンド・プリンセス号の対応にあたった日本政府に対する謝意を相次いで表明したが、それまでの当初の世界的な世論は日本に対して総じて厳しいものだった

22 籏智 広太「新型コロナ、副大臣がクルーズ船内の写真をアップ→『内部告発ですか?』とリプ殺到→削除」,BuzzFeed,2020-02-20, https://www.buzzfeed.com/jp/kotahatachi/unknown-cause-china-13など

23 WHO「Coronavirus disease 2019 (COVID-19) Situation Report-46」,2020-03-06, https://www.who.int/docs/default-source/coronaviruse/situation-reports/20200306-sitrep-46-covid-19.pdf?sfvrsn=96b04adf_4

24　岡田晴恵と田代眞人は、新型インフルエンザ対応を振り返って「最も重要な教訓は、日本にはパンデミックなどの健康危機管理に対する法的基盤、すなわち危機対応体制が欠落していたという点にあった。政府の緊急対応における対応部局、責任の所在が明確ではなかった。政策立案と命令・指示、対策の実施、人員や予算措置など重要事項の多くが、法的根拠のないままに通知が出され、実施されていたことになる」と警鐘を鳴らす（岡田・田代 [2013]2020:109）

25　同時に、少ない死亡「数」の過大評価について、むしろ質の違いを考慮すべきという警鐘も鳴らされている。例えば、専門家会議も構成する公衆衛生を専門とする押谷仁は次のように述べている。
「おそらく死亡者の『数』だけを見れば、季節性インフルエンザと大きく変わらない可能性があります。感染者の大多数は何の合併症もなく軽症で終わるということも事実です。しかし、割合は少ないとしてもその一部には重症化する人が必ず出てきます。それも季節性インフルエンザとはまったく違う、非常に重い症状のものとして出てきます。数だけでは決してわからないことがあるのです」（押谷・瀬名 2009: 電子版位置149-53）
また新型インフルエンザ対策とのちの法改正を主導した尾身茂も対処過程における批判、不満、不安によって、「新型インフルエンザ対策に従事した関係者に過剰な負担」がかかったことを指摘する（尾身 2011:103）。

26　厚生労働省新型インフルエンザ対策推進本部「今般の新型インフルエンザ（A/H1N1）対策について～対策の総括のために～」,2010-03-31,https://www.mhlw.go.jp/bunya/kenkou/kekkaku-kansenshou04/dl/infu100331-02.pdf

27　なお新型インフルエンザ対策については、各種厚労省資料や、新型インフルエンザ対策に、そして新型コロナウイルス感染症対策に奔走した各氏の著作なども詳しい（岡部・和田 2020, 河岡・今井監修 2018, 岡田・田代 [2013]2020）

28　2009年5月19日付け朝日新聞朝刊2面「国、苦肉の柔軟対応」、同6月12日付け朝刊3面「強毒性想定 遅れた転換」、同6月22日付け朝刊26面「水際対策の転換 応酬」、同6月23日付け朝刊32面「不明の毒性 きしみ生む」、同7月11日付け朝刊34面「首長から要望」、2010年4月1日付け朝刊6面「ワクチン供給や検疫対策検証へ」などに、一部知事の独断や厚労相の独断、官僚、官邸との対立等に関する記述が認められる。慎重な政府対策本部・専門家諮問委員会に対して、舛添要一厚労相がセカンドオピニオンを聞くための専門家チームを設置するなど混乱が認められる

29　内閣官房「新型インフルエンザ等対策有識者会議　中間とりまとめ」, 2013-02-07, https://www.cas.go.jp/jp/seisaku/ful/yusikisyakaigi/250207chukan.pdf

30　同上

31　内閣官房「新型インフルエンザ等対策訓練」, https://www.cas.go.jp/jp/seisaku/ful/kunren.html

32　内閣官房「新型インフルエンザ等対策政府行動計画　平成25年6月7日、平成29年9月12日（変更）」https://www.cas.go.jp/jp/seisaku/ful/keikaku/pdf/h29_koudou.pdf

33　なお、新型インフルエンザ等対策特別措置法それ自体には、同施行令含めて「自粛」という言葉は登場しない

34　2009年当時にも、一部企業が出張の禁止や、濃厚接触者の自宅待機を実施し、飛沫対策でコンビニがおでんの販売を休止したり試食会を中止したりなど、社会行事に影響が出たとされている（2009年5月19日付け朝日新聞朝刊2面「国、苦肉の柔軟対応」など）。こうした事実も、新型コロナ感染拡大時に広く再検討されることはなかった。日本社会とメディアはすっかり忘却してしまったようである

35　厚生労働省新型インフルエンザ（A/H1N1）対策総括会議「新型インフルエンザ（A/H1N1）国内発生当初の学校臨時休業等の対応について」（「第3回新型インフルエンザ（A/H 1N1）対策総括会議」資料9), https://www.mhlw.go.jp/bunya/kenkou/kekkaku-kansenshou04/dl/infu100428-09.pdf

36　国立感染症研究所「神戸市・兵庫県新型インフルエンザ集団発生疫学調査報告 第1部 全体像」,2009-08-31,http://idsc.nih.go.jp/disease/swine_influenza/pdf09/KobeHyogo1.pdf

37　新型インフルエンザ対策を踏襲した新型コロナ対策でもこうした知見が参照された可能性は否定できず、政策過程や担当者に対する今後の実証も期待される

38　同論文は、その他にも「単一疾病の流行に対する閉鎖措置の効果を検証する際は、正確な評価が困難となる。より評価を正確に行うためには、PCR に基づく確定診断が望ましいが、パンデミック中の全症例への適用は非現実的」であることや、「国、自治体、国民が共同した活動をする事ができず、正確な情報の相互共有と意思疎通、すなわちリスクコミュニケーションが困難であった」こと、「諸外国の学校閉鎖に関する研究の多くでは『経済的影響』の問題を考察していた。つまりインフルエンザの感染拡大の抑制と経済損失の影響は同列視され、わが国以上に学校閉鎖措置の遂行に社会のバランスを求めていること」など多くの将来の感染症対策に興味深い示唆を与えていると思われる（内田ほか2013）

39　厚生労働省「家庭及び地域における新型インフルエンザ対策ガイドライン」,https://www.mhlw.go.jp/bunya/kenkou/kekkaku-kansenshou04/pdf/09-12.pdf

40　厚生労働省「学校・保育施設等の臨時休業の要請等に関する基本的考え方」,2009-09-24,https://www.mhlw.go.jp/kinkyu/kenkou/influenza/hourei/2009/09/dl/info0924-01.pdf

41　資料別紙3の WHO「学校における対策について 新型インフルエンザ（H1N1）2009 ブリーフィングノート10（仮訳）」中にも、学校休業措置を判断する際に、期待される利益と比較した経済的・社会的コストへ配慮することが言及されてい

る。経済的コスト高騰として、働く親や保護者が子どものために自宅待機や欠勤することにより、労働人口の16%程度に影響しうることが推定されていた

42 WHO EPI-WIN「COVID-19-safe return to schools」,2020-05-15, https://www.who.int/docs/default-source/coronaviruse/risk-comms-updates/update-26-re-opening-schools.pdf?sfvrsn=bce40d47_2

43 新型コロナウイルス感染症対策専門家会議「第2回 資料6」2020-02-19, https://www.kantei.go.jp/jp/singi/novel_coronavirus/senmonkakaigi/sidai_r020219-1.pdf

44 2020年2月29日付け朝日新聞朝刊1面「首相独断 休校見切り発車」

45 首相官邸「令和2年2月29日 安倍内閣総理大臣記者会見」,2020-02-29,https://www.kantei.go.jp/jp/98_abe/statement/2020/0229kaiken.html

46 文科省「『II. 新型コロナウイルス感染症に対応した臨時休業の実施に関するガイドライン』の改訂について(通知)」,2020-04-01,https://www.mext.go.jp/content/20200401-mxt_kouhou02-000004520_03.pdf

47 WHO「About EPI-WIN」, https://www.who.int/teams/risk-communication/about-epi-win

48 J Zarocostas「How to fight an infodemic」,THE LANCET,2020-02-29,https://www.thelancet.com/action/showPdf?pii=S0140-6736%2820%2930461-X

49 WHO「Coronavirus disease 2019 (COVID-19) Situation Report-84」, 2020-04-13, https://www.who.int/docs/default-source/coronaviruse/situation-reports/20200413-sitrep-84-covid-19.pdf?sfvrsn=44f511ab_2、同「Coronavirus disease 2019 (COVID-19) Situation Report-86」,2020-04-15, https://www.who.int/docs/default-source/coronaviruse/situation-reports/20200415-sitrep-86-covid-19.pdf?sfvrsn=c615ea20_6 など

50 WHO「Infodemic management - Infodemiology」, https://www.who.int/teams/risk-communication/infodemic-management

51 GLOBAL CITIZEN「One World:Together At Home」, https://www.globalcitizen.org/en/connect/togetherathome

52 WHO「Novel Coronavirus(2019-nCoV) Situation Report-35」, 2020-02-24,https://www.who.int/docs/default-source/coronaviruse/situation-reports/20200224-sitrep-35-covid-19.pdf?sfvrsn=1ac4218d_2

53 WHO「Risk Communication and Community Engagement (RCCE) Action Plan Guidance COVID-19 Preparedness and Response」, https://www.who.int/docs/default-source/coronaviruse/covid19-rcce-guidance-final-brand.pdf?

sfvrsn=6602b069_1&download=true

54 WHO「OpenWHO.org」, https://openwho.org/channels/covid-19

55 一連のやり取りの事態の経緯は、2020年3月6日付けハフポスト日本版編集部「厚労省、マスクの医療機関への優先供給『行った』。テレ朝『モーニングショー』に“異例”の反応【新型コロナ】」(https://www.huffingtonpost.jp/entry/story_jp_5e604cffc5b69d641c0a5a4d?ncid=other_huffpostre_pqylmel2bk8&utm_campaign=related_articles) が詳しい

56 デジタル毎日「新型コロナ 政府、ワイドショーに何度も反論 官邸幹部が指示」,2020-03-07,https://mainichi.jp/articles/20200307/ddm/002/010/087000c

57 毎日新聞記者と菅官房長官のやり取りについては、3月6日午後官房長官記者会見4分50秒前後からを参照（首相官邸「令和2年3月6日〈金〉午後」https://www.kantei.go.jp/jp/tyoukanpress/202003/6_p.html）

58 内閣官房「国会提出法案（第201回 通常国会）」, https://www.cas.go.jp/jp/houan/201.html

59 エデルマン・ジャパン「2020 エデルマン・トラストバロメーター 中間レポート（5月版）：信頼とCOVID-19パンデミック」,2020-05-14,https://www.edelman.jp/research/trust-barometer-spring-update

おわりに

1 新型コロナウイルス感染症対策専門家会議「次なる波に備えた専門家助言組織のあり方について」, 2020-06-24, https://note.stopcovid19.jp/n/nc45d46870c25?gs=9100560ab97b

2 千葉雄登「『今、大臣がそういう発表をされたんですか?』 廃止される専門家会議について、尾身副座長が語ったこと」, BuzzFeed, 2020-06-25, https://www.buzzfeed.com/jp/yutochiba/covid-19-senmonka-haishi?origin=shp

3 日本経済新聞電子版「コロナ専門家会議の廃止 公明『事前説明ほしかった』」, 2020-06-26, https://www.nikkei.com/article/DGXMZO60852890W0A620C2EA3000/

4 政府インターネットテレビ「西村大臣記者会見（令和2年6月23日）」, 2020-06-23, https://nettv.gov-online.go.jp/prg/prg20857.html?t=177&a=1

5 その一方で、中堅・大企業向け融資や劣後債なども大幅に拡充された

6 NHK選挙WEB「内閣支持率」,2020-06-23,https://www.nhk.or.jp/senkyo/shijiritsu/

※URLは2020年6月時点

◉著者紹介

西田亮介（にしだ・りょうすけ）

1983年、京都生まれ。専門は社会学。博士(政策・メディア)。東京工業大学リベラルアーツ研究教育院准教授。慶應義塾大学総合政策学部卒業。同大学院政策・メディア研究科修士課程修了。同後期博士課程単位取得退学。同助教(有期・研究奨励II)、独立行政法人中小企業基盤整備機構リサーチャー、立命館大学大学院特別招聘准教授などを経て現職。著書に『メディアと自民党』(角川新書、2016年度社会情報学会優秀文献賞)、『なぜ政治はわかりにくいのか:社会と民主主義をとらえなおす』(春秋社)、『情報武装する政治』(KADOKAWA)、『ネット選挙 解禁がもたらす日本社会の変容』(東洋経済新報社)などがある。

ブックデザイン　遠藤陽一（DESIGN WORKSHOP JIN Inc.）

図版作成　川添 寿（朝日新聞メディアプロダクション）

コロナ危機《きき》の社会学《しゃかいがく》
感染《かんせん》したのはウイルスか、不安《ふあん》か

2020年 7月30日　第1刷発行

著者　西田亮介
発行者　三宮博信
発行所　朝日新聞出版
〒104-8011　東京都中央区築地5-3-2
電話　03-5541-8832（編集）
03-5540-7793（販売）
印刷所　株式会社 加藤文明社

Published in Japan by Asahi Shimbun Publications Inc.
ISBN 978-4-02-251695-4

定価はカバーに表示してあります。
落丁・乱丁の場合は弊社業務部（電話03-5540-7800）へご連絡ください。
送料弊社負担にてお取り替えいたします。